The Emotional Art of Marzipan

es koyama Susumu Koyama

ベーシックなテクニックと豊かな表情
エモーショナルなマジパン

パティシエ エス コヤマ
小山 進

Contents

Prologue　4
　材料、道具、マジパンスティック　8
　マジパンを着色するテクニック　12
　着色のセオリー、カラーパレット　14
　マジパンペーストの準備　21
　バタークリームの準備　28
　パータ・グラッセの準備　29
　ベーシックな成形のテクニック　30

Marzipan zoo

　バニー　18
　ライオン　32
　ネズミ　38
　ピグレット　44
　競争馬　50
　パンダ　56
　ウシ　62
　タイガー　68
　リス　74
　キタキツネ　80
　レッサーパンダ　86
　セントバーナード　92
　ミニチュアダックスフント　98
　ダルメシアン　104
　マンドリル　110
　カンガルー　116
　オウム　122

Marzipan wonderland

　横綱　130
　パティシエ　136
　サンタクロース（シンプル）　142
　サンタクロース（リアル）　148
　魔女　154
　新郎新婦　160

　エモーショナルな顔　128
　エモーショナルな手のひら　167

本書でつくる前に
● マジパン細工の完成写真は、左右両側と背面からのアングルも掲載しています。
● 動物はデフォルメしている形状により、前脚を「腕・手」、後脚を「脚・足」と表記しています。

〈パーツ図に関して〉
● 使用する着色済みの全パーツを、5mm方眼紙上に原寸で掲載しています（ただし頭部を支える球状のマジパンはパーツ図にはありません）。
● 各パーツごとに重さ（g）か大きさ（mm）を記しています。
● 座っている形状などの場合は、体長は座高で記載しています。
● 材料欄のマジパンの着色は、基本的に加える順に色粉を記しています。

Photographer
石丸直人（キミノメ）

Assistant to photographer
岡崎智子（キミノメ）

Editor
横山せつ子

Designer
筒井英子

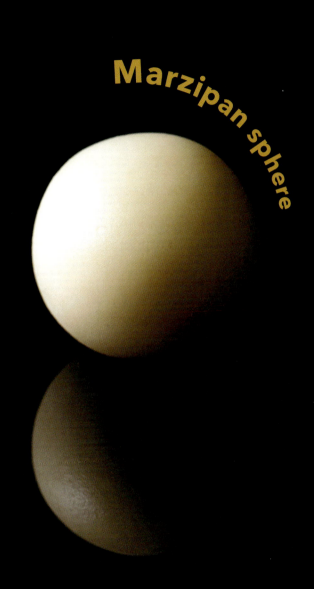

Marzipan sphere

マジパン細工のデフォルメは球からスタートする

手のひらが生みだす、なめらかでゆがみのない球体のライン。
あらゆる形状のパーツは、球をさまざまに形を変えて成形する。
はじめの球から仕上がりの美しさまでずっとつながっている。

Prologue

エモーショナルなマジパンたち

　二十代の前半、僕はコンクール出品のためにマジパンの練習に明け暮れた。神戸のハイジという店にいた当時のことだ。二十代後半になりコンクールを卒業してからは、店にマジパン細工のコーナーをつくって販売し、評判も上々だった。

　そうするうちにあるテレビ番組でマジパン細工を披露するチャンスがあり（番組内でこれでもかというくらいマジパンをつくりまくった！）、僕といえばマジパン、というイメージが視聴者やお客さま、業界の仲間内でも強くなったのだ。

　僕が感じていたのは、マジパン細工のとてつもなく大きな可能性だった。

　同じ細工菓子でも、高得点まちがいなしの飴細工やチョコレート細工の素晴らしいピエスモンテよりも、なぜか一般の視聴者さんにはマジパン人気が高い。美しい作品を鑑賞する感覚ではなく、かわいくて、おいしそうで、思わず手に取ってみたくなる親近感がマジパン細工の強み。マジパンのほんわかした雰囲気は、人を幸せな気持ちにしてくれるんだなぁとずっと思いつづけていた。

　その後パティシエ エス コヤマを開店してからは、「マジパンの人形はおいてないの？」というお問い合わせを何度いただいたことか。特注のスペシャルケーキなどでマジパン細工をつくっていたが、店頭に並べるまでの余裕はなく……、期待に沿えないことがとても申し訳なくて、悔しい気持ちが僕の心の中にはいつもあった。

　そしてついに、パティシエ エス コヤマが開業14周年を迎えた2017年、僕は敷地内にデコレーションケーキ専門の新店「夢先案内会社FANTASY DIRECTOR」をオープンした。この店の一角に念願のマジパンの人形をズラリと並べるにあたり、僕は五十歳を過ぎて、あらためてマジパン細工に着手した。

　FANTASY DIRECTORのマジパン細工の動物たちを、時折インスタにあげていると、意外にも海外のトップパティシエたちからの反応がめちゃめちゃいい。

"今にも動きだしそう!!"
"マジパンでこんなデフォルメができるなんて！"
という声がたくさん届いたのだ。

　ストップモーションの人形ではなく、背景にシーンが浮かびあがり、アニメーションを見ているようなマジパン細工。眼がキョロキョロと動きそうな、こちらに何かしゃべりかけてくるような、ちょっとイタズラをしそうな……etc.

　そんな命がある"エモーショナルなマジパン"が僕のスタイルだ。

マジパンの表現力

　この一年間、僕は二十代以来、またマジパン漬けの日々を送ってきた。

　そして、若い頃よりもマジパンで表現できる幅がグンと広がったことに気づいた。

　それはいわゆる手先のテクニックではなく、表現力。年齢を重ねるにつれて、多くの体験をし、経験を積み、見て感じる観察力が圧倒的に精度を増したのだと思う。

　そもそもマジパン細工は、マジパンペーストでパーツをつくり、それらを貼り合わせてつくるもの。使う道具は今も昔も同じマジパンスティックで、技術的にはそれほど変化しようがない。

　どう感じ、感じたことをどう表現するか、というソフトが大事なのだ。

　　マジパンの表現力
　　　＝観察力（インプット）
　　　＋デフォルメ力（アウトプット）

　この方程式をもとにマジパン細工の魅力を伝えていこう。

デフォルメのためのインプットとアウトプット

　マジパン細工は忠実に表現するアートではなく、デフォルメの加減が肝心だ。

　抽象化したものであっても、いかにも「らしく」、誰が見てもそれとすぐにわかり、しかも魅せる何かがあること。

　デフォルメのスタートは、まず対象を観察することからはじまる。

　形状、色、印象……顔の形や大きさは？　鼻はどういうつき方をしている？　口の形は？　動物ならば体色や毛並み、尻尾はどんな？　耳はどっちを向いてる？　人物ならば髪の毛の色は？　などなど挙げればキリがないほど多くのポイントの中から、何が個性なのかを感じとることが大事だ。

　こういった特徴は動物のほうが際立っておもしろく、だから動物のデフォルメが多くなる。人物は服装の変化である程度表現できてしまうので、僕的には動物のほうがよりやりがいがあると思っている。

　動物を観察し、デフォルメするときには、図鑑を見て、動物園にも行く。図鑑は子細に観察するためで、インプットの段階では対象を忠実に捉えなければならない。

　動物園はその動物の動きをつかむためで、たとえばライオンとキツネでは動き方がまったく違う。その違いをキャラづけに生かすのだ。勇壮にのしのしと歩くライオンは、どんな手足をしているのか。ちょこちょこと動きまわるキツネはどんな顔つきをしているのか、といったその動物のキャラクターを感じとる。

　観察が終わったら、次はそれをどうデフォルメするかという、アウトプットのプロセスに進む。

　こういったデフォルメは、ディズニーやアニメ、マンガのキャラクターデザインがまさにそれ。わかりやすい動物キャラや、ひと目で性格まで伝わる人物のキャラクターを生みだすのは、単純化してそぎ落とすところと、逆に強調して盛るところのサジ加減にかかっている。

球を上手につくる

　では、テクニックとして大事なものは何か。

　それは、マジパン細工はすべてが「球」からスタートする、ということだ。

　つくるパーツにより大小はあるが、作業のすべてはマジパンペーストを球状に丸める作業からはじまる。どんな形をつくるにせよ、球から細長くしたり、一部をへこませたり、押しつぶして平らにしたり。

　表面がなめらかで、まん丸にきれいな球をつくれなければ、極論としては、上手いマジパン細工はつくれない。はじめの球がきれいでなければ、最後までフォルムは乱れてしまう。表面がでこぼこしていたら、仕上がりの表面も美しくはならない。

　上手な人のマジパン細工は、はじめの球面が、完成した作品にも宿っている。だからマジパンならではの、丸みのあるやさしい雰囲気を醸しだすのだ。

　きれいな球をつくるためには、マジパンペーストを最適な硬さに練る必要がある。まず、全体の硬さが均一なこと。均一でなければ、途中でヒビ割れたりしてしまう。そして、コシを調節するために粉糖を加えて練り込み、細工の形状をつくれるだけのしっかりとしたコシをつけ、その形状をキープできる硬さにすることが大事だ。

　マジパン細工の最大の武器は「両手」だ。

　手のひらは中央がなだらかにくぼみ、ちょっと硬い部分があり、親指と他4本の指のつけ根はふっくらと盛りあがっている。手のいろいろな形はマジパンを形づくるツールなのだ。

　球をつくるときには、両手のくぼみの間でマジパンペーストを転がすのが基本の動作。涙形をつくるときも、両手のひらのくぼみのカーブを生かすと自然にきれいな形をつくることができる。

　さらに、他のさまざまなパーツをつくるときには、左の手のひらを作業テーブルにし、右手の指先でマジパンペーストを転がしながら変幻自在に形をつくり、各々のパーツに命を宿していく。

　マジパン細工が上達したいのならば、自分の両手の形をよく見て、道具として使いこなそう。これでけっこう上手くつくれるものだ。

おいしそうな「マジパン色」

　もうひとつマジパン細工でとても大事な要素は、着色だ。

　僕は「マジパン色」といっているが、マジパン細工に適した色というものがある。温かみがあり、おいしそうで、楽しそうな色調だ。

　マジパン細工は食べる目的でつくるものではないが、パティシエがつくり、パティスリーに並ぶお菓子である。ブルーとかイエローとかの原色の蛍光色みたいな色使いでは、幼稚に見え、食べたいとも思わせられない。逆にボヤけた色でもおいしそうには見えない。

　たとえば人物のマジパン細工を見てもらえばわかるように、肌の色はいわゆる肌色ではない。リアルな肌色でつくると、不思議なものだが、たとえテクニシャンがつくっても、あまり上手くは見えないものなのだ。僕がつくるマジパン細工の人物が生き生きとして見えるのは、おいしそうなオレンジ色のニュアンスがある肌色にしているのがひとつの理由だ。

僕がマジパン細工でとくに大事にしている色は「茶色」。チョコレート色、コーヒー色、ココア色、ハシバミ（ヘーゼルナッツ）色、マロン色、さらに黄色やオレンジがかった熟した柿の色、卵黄にココアを加えた色……などなど、茶色のバリエーションにはおいしさを感じさせる色が多い。

茶色をつくる要素は基本的には黄色と赤色と茶色（ココアパウダー）。茶色の単色ではなく、茶色に黄色と赤色のバランスを変えながら加えて着色している。

黄色と赤色でまずオレンジ色をつくってから、茶色を加えていく場合もあるし、薄めのココア色をつくってから黄色や赤色、オレンジ色を加えるときもある。茶色を明るいオレンジ系にふっていく例がライオン（P32）、オレンジ色を茶色で少しにごらす例がキタキツネ（P80）といった具合に、何色とは言葉で表現しきれないほど、茶色のニュアンスのバリエーションは無限で奥が深い。

着色が上手ければ、マジパン細工の表情は生き生きとエモーショナルになる。色はそれほどの力を持っている。

パティシエの手仕事、マジパン

本書は「Marzipan zoo」章の動物17体、「Marzipan wonderland」章の人物7体で構成している。

マジパン細工の習得のために本書を読む場合は、つくり方のテクニックだけを真似るのではなく、僕がどのような意図で、どこをどのようにデフォルメしているのか。それをしっかりと見てとって、読者のみなさんのマジパン細工に生かしてほしい。

学んでほしいのは、「表現の幅を広げる」ということだ。

たとえ同じ人がつくったとしても、できあがりは一体ずつ全部違う表情になるのが、マジパン細工のおもしろさ。パティシエという職人の手仕事の極みといえるものだと僕は思っている。近い将来、世の中はAI（人工知能）が何でもしてくれる時代になるかもしれないが、だからこそ今、僕はマジパン細工という手仕事を次の世代に継ぎたいと思って本書を発刊した。

2019年2月
パティシエ エス コヤマ
小山 進

材料

マジパンペースト
細工用のマジパン。お菓子に使うマジパンローマッセとは異なるもの。

粉糖、コーンスターチ
小さいボウルに入れて用意する。

粉糖：マジパンペーストに加えて練るとコシがでる。コーンスターチ入りの粉糖を使う。

コーンスターチ：マジパンペーストのベタつきを抑えるため、必要に応じて加えて練る。

色粉、ココアパウダー、キルシュ酒
赤色、黄色、青色、花色の4色の色粉、茶色（ココアパウダー）を用意する。ココアパウダー以外はキルシュ酒で溶いて使う。詳細は→P12。

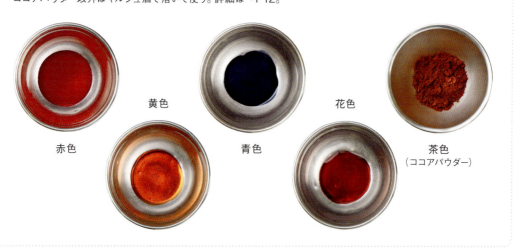

赤色　黄色　青色　花色　茶色（ココアパウダー）

バタークリーム
白眼、眼の光彩に使う。詳しくは→P28。

パータ・グラッセ（上がけ用チョコレート）
黒眼に使う。詳しくは→P29。

プラスチックチョコレート（ホワイト）

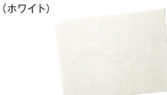

動きのある造形や骨組みに使う。急激に温めると分離するので、手で練って扱いやすい硬さにする。

道具

とり板
色粉をまめに洗い落とすことができるので、とり板の上で作業すると便利。下にぬれタオルを敷いてすべりにくくする。

スケール
小さいパーツが多いので、0.1gまで量れる微量計を使う。

麺棒
マジパン細工はサイズが小さいので、長さ20cmほどのものが使いやすい。

木板
マジパンを細長くのばす時に表面を平らにきれいに整えるために使う。6cm×30cmのものを使用。

シリコン型をつくる

シリコン型は市販もされているが、求めるイメージのものを簡単につくることができる。左は毛並みなどの模様をつける時に使うもの。右は本書では使用していないが、葉の葉脈をつける時に使う。ここでは左のシリコン型のつくり方を紹介する。

❶ マジパンペーストを麺棒で厚さ5mmくらいにのばす。

❷ ペティナイフで1ヵ所を支点にして、ごく細かく無数の切り目を入れる。あとでこの上にシリコンを流して型どりするので、切り目は深めに入れる。

❸ 直径5cmセルクルでぬき、そのままセルクルからださずに入れておく。

❹ バットなどに置く(奥のセルクル。もう1つのセルクルは葉をつくる時に葉脈の模様をつけるための型)。

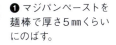

❺ シリコン*の準備をする。シリコンの主剤と触媒を合わせてヘラでよく混ぜる。

*シリコンは日新レジンのクイックシリコーンを使用。食品に混入しないよう注意。

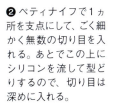

❻ ❹に❺のシリコンを厚さ1cmくらい流し入れる。

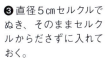

❼ 最低6時間おいて固める(シリコンの種類により硬化の時間は異なる)。

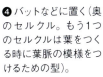

❽ セルクルからぬき、シリコンをきれいに水洗いして筋の間に詰まっているマジパンを洗い流す。

マジパンスティック

複数の形状のマジパンスティックを使い分ける。本書で使用したのは、黄色い柄のスティックはイギリス・PME社のシュガー細工用スティック。全体が白いスティックはフランス・マトファー社のマジパンスティック。各マジパンスティックの使い方は以下の通り（マジパンスティックには共通の呼称がないので、ここでは参考までにPME社のスティックにはPME社の名称を付記している）。

Ball（球状）
先端が球状のスティックは大・小の2つのサイズがある。大の直径12mm、小の直径4mm。

▶大：首のくぼみをつける。　▶小：眼などのくぼみをつくる。　▶小：あごのラインをつくる。

Bone（骨の形）
先端が曲がった形状のスティックも大・小の2つのサイズがある。先端の直径は大8mm、小6mm。先端になだらかに曲がった角度がついているので、向きをうまく利用して使う。

▶顔に凹凸をつける。　▶耳などをつける時に使う。　▶縦長の眼のくぼみをつける。

Blade（ナイフ）
ナイフのような形状。筋を入れる時はスティックを上から下に動かす場合と、逆に下から上に動かす場合があり、これにより筋のニュアンスが変わる。微差ではあるがこういった細かい使い分けが豊かな表情を生みだす。

▶切り目や筋を入れる。台上で作業したマジパンをはがし取るのにも便利。　▶動物の足の指のラインはスティックを下から上に動かして入れることが多い。

Scallop（半円のフリル形）
ゆるやかなラインの半円形。直径8mm。

▶ 口をあける。

▶ 眉毛のラインをつける。

Tapered（先が細い）
円錐体で先が細い。

▶ 口、鼻穴などをあける。

▶ パータ・グラッセで黒眼を入れる。

Serrated（ギザギザ）
ギザギザのある円錐体の形状。

▶ 野菜のヘタをつくる。

Needle（針）
針のように細い形状。

▶ 舌のように細かいパーツを貼りつける時に使う。

流線形
スティックの片面にV字形の厚みがある。生地に押しつけるとV字にくぼむ。

▶ 耳穴をくぼませる。

▶ 豚などの爪先。

ヘラ
ヘラ状のスティック。平らではなく、両面になだらかな厚みがあるので、筋模様を入れるとラインが立体的になる。

▶ 筋を入れる。

マジパンを着色するテクニック

色粉、ココアパウダー

- マジパンペーストは赤、黄、青の3原色＋花色（青みのある赤色）＋茶色（ココアパウダー）で着色する。

赤色
赤色102号

黄色
黄色4号

青色
青色1号

花色
赤色3号、
赤色106号

茶色
ココアパウダー

- 花色は青みのある赤色。和菓子用の色粉を使用。花色を使わないと、ボルドー系の紫色しかつくれず、たとえばネズミ→P38やパンダ→P56で使ったような華やかな紫色はつくることができない。
- 茶色には色をにごらせる役割もある。

色粉を溶いて準備する

❶ 小さいボウルに各色の色粉をそれぞれ入れる。
❷ キルシュ酒を入れ、小さいスプーンで混ぜて溶かす。
▶ 赤・青・花色の色粉1g → キルシュ酒1㎖で溶く。
▶ 黄色の色粉1g → キルシュ酒1.2㎖で溶く。

- 溶けにくい場合は、ぬるめの湯煎にあてて溶かす。とくに黄色は溶けにくいので湯煎が必要。湯煎に長い時間かけるとキルシュ酒が蒸発して水分が減るので注意。
- キルシュ酒以外に、アルコール度数の高い無色透明の蒸留酒を使ってもいい。
- 色粉は左記分量のように濃いめの色に溶き、それを少量マジパンに練り込んで着色する。
- 余った場合はそのままおいておける。次に使う時は乾いた色粉にキルシュ酒をごく少量加え、湯煎にあてて均一に溶かす。
- ココアパウダーは溶かずに粉末状のまま使う。

赤色　　黄色　　青色　　花色

マジパンを着色する

❶ マジパンペーストをもみ込んで扱いやすい硬さに調節したあと、着色する。

❷ マジパンペーストの中央を少しへこませ、そこに色粉を小さいスプーンなどを使ってのせる。

❸ 色粉をのせた部分にマジパンペーストをたたみ込むようにして練る。
● こうするととり板が色粉でよごれにくい。
● 複数の着色をすることが多いので、作業をする台は色移りしないようにこまめにぬれタオルでふき、手もまめに洗う。赤色など濃い色を練った場合は爪ブラシも使う。ゴム手袋を着用する場合は、着色する色ごとに用意してつけかえたほうがいい。

❹ 色粉を足してもみ込みながら着色する。
● なるべく少量の色粉で着色するのがベター。色粉をたくさん入れると、キルシュ酒の水分があるのでマジパンが柔らかくなってしまう。
● 着色する際には途中で粉糖やコーンスターチを入れる場合もある。その理由は、色粉を入れるうちに柔らかくなったマジパンの硬さを調節するため。
● 着色は一度で決まらなくても、色が濃すぎたら粉糖やコーンスターチ、もしくはマジパンペーストを足して薄めればいいし、薄ければさらに色粉を加えればいいのでやり直しがきく。何回もつくって加減をつかむことが大切。

着色のポイント

▶ 食用ではないが、マジパンの着色は「おいしそうな色」にすることが鉄則。ギンギンの原色はほぼ使うことはない。たとえば黄色ならば、原色の黄色ではなく、そこに茶色を少し入れることによって、おいしそうな黄色にする。また仮に黒い毛の動物でも、真っ黒ではなく、赤を加えて茶色を帯びた黒色にデフォルメする。色づけ次第でマジパン細工は印象的になるし、逆に野暮ったくなったり幼稚になったりもするので、着色のテクニックはとても重要だ。

▶ マジパンペーストの色は真っ白ではなく、少しくすんだオフホワイト。そのためとくに青色やデリケートな色に着色する場合は、粉糖やコーンスターチを加えて練り込み、マジパンをあらかじめ白色に近づけておいたほうがいい（→P17カラーパレット**15**）。オレンジや茶色系にする場合はマジパンペーストにそのまま着色しても問題ない。

着色のセオリー

色の３原色

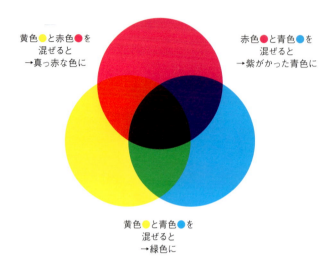

色の３原色
赤●、青●、黄●の３原色

黄色●と赤色●を
混ぜると
→真っ赤な色に

赤色●と青色●を
混ぜると
→紫がかった青色

黄色●と青色●を
混ぜると
→緑色に

- マジパンペーストを着色する際には、P12で説明した赤色、黄色、青色、花色の色粉と茶色（ココアパウダー）を混ぜて色をつくる。
- 赤色、黄色、青色は「色の３原色」と呼ばれ、左のチャートのように３色を組み合わせることにより、さまざまな色をつくりだすことができる。
- 色の３原色に加え、本書ではマジパン細工にふさわしい色合いをつくるため、和菓子によく使われる花色と、色をにごらす役割をする茶色も使用している。これら２色が加わると、色のニュアンスは大きく広がる。
- ３原色の混ぜ方は、理論として頭で考えるよりも、子供の頃に体験した絵の具の混ぜ方を思い浮かべるといい。白いマジパンペーストは絵の具を混ぜるパレットだと思えばいいのだ。

補色

- 補色とは、「反対色」の関係のこと。
- 補色の２色を組み合わせて表現すると、互いの色を引き立てあい、見た目の印象が強くなる効果がある。これはマジパン細工で大きなメリットになる。
- 本書ではオウム（P122）の羽の色の組み合わせ、魔女（P154）のカボチャとマントの組み合わせが補色関係の好例。

A：赤色● ←→ 青緑色●
B：紫色● ←→ 黄緑色●
C：黄色● ←→ 青紫色●

補色関係
チャートの対極にある色同士が「補色」の関係になる。補色同士の組み合わせには互いの色を引き立てる相乗効果がある。

カラーパレット

色づくりにはつくり手の個性が表われる。本書ではマジパン細工に適した着色として、原色のギンギンに冴えた色は使わず、やさしいニュアンスのある色を用いて、今にも動きだしそうなエモーショナルなマジパン細工をつくっている。そのための着色に役立つのがP15〜17のカラーパレットだ。

オレンジ色からスタートする色の変化

01：オレンジ色に「赤色」を加えた場合の色の変化

オレンジ色のマジパン　　＋赤色●　　＋＋赤色●　　＋＋＋赤色●
（マジパン　＋黄色●＋赤色●）

オレンジ色に赤色●を足していくと、朱色を帯びた色から赤色に変化する。右端の赤色はサンタクロース（P142、P148）のコートの色合い。

02：オレンジ色に「青色」を加えた場合の色の変化

オレンジ色のマジパン　　＋青色●　　＋＋青色●　　＋＋＋青色●
（マジパン　＋黄色●＋赤色●）

青色●が増すにつれて、次第に緑色系に変化していく。右端の緑色はいわゆる抹茶色で、植物の葉などに適している。

03：オレンジ色に「茶色」を加えた場合の色の変化

オレンジ色のマジパン　　＋茶色●　　＋＋茶色●　　＋＋＋茶色●
（マジパン　＋黄色●＋赤色●）

茶色●が増すにしたがって、明るい黄銅色から明るい茶色に変化する。

黄色からスタートする色の変化

04：黄色に「青色」を加えた場合の色の変化

黄色のマジパン　　＋青色●　　＋＋青色●　　＋＋＋青色●
（マジパン　＋黄色●）

青色●が増すにしたがって、鮮やかな黄色から次第にライム色に変化する。

05：黄色に「茶色」を加えた場合の色の変化

黄色のマジパン　　＋茶色●　　＋＋茶色●　　＋＋＋茶色●
（マジパン　＋黄色●）

茶色●が増すにしたがって、黄銅色から、黄色みを感じる明るい茶色に変化する。

スタートの赤色の違いによる差（茶色を足すことによる色変化）

06：スタートが赤色の場合

赤色のマジパン（マジパン○＋赤色●）　＋茶色●　＋＋茶色●　＋＋＋茶色●

茶色●が増すにしたがって、こげ茶色に変化していく。スタートが赤の色粉だけでつくった赤色なので、にごりがない。

07：スタートが赤色のマジパン1対オレンジ色のマジパン1の場合

赤色のマジパン1＋オレンジ色のマジパン1　＋茶色●　＋＋茶色●　＋＋＋茶色●

明るい赤色から、赤みのあるこげ茶色に変化する。**06**と比較するとより深みがある。

08：スタートが赤色のマジパン1対オレンジ色のマジパン3の場合

赤色のマジパン1＋オレンジ色のマジパン3　＋茶色●　＋＋茶色●　＋＋＋茶色●

07と似た色の変化だが、オレンジ色の割合が多いのでより明るさが増す。

茶色の変化

09：マジパンに「茶色」を加えた場合の色の変化

マジパン○　＋茶色●　＋＋茶色●　＋＋＋茶色●

茶色はマジパンの着色で重要。この**09**の色変化はマジパンに茶色●を足しただけのもっともシンプルなパターンだが、さらに赤色、黄色を足すと、より深みを増した"おいしそうな茶色"のバリエーションをつくることができる。

赤色と花色の違いによる色変化の差

10：マジパンに「赤色」を加えた場合の色の変化

マジパン○　＋赤色●　＋＋赤色●　＋＋＋赤色●

赤色●と花色●は同じ赤系色でも、似て非なる色。この**10**の赤色は落ち着いたピンク色として変化する。

11：マジパンに「花色」を加えた場合の色の変化

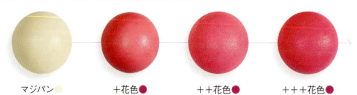

マジパン○　＋花色●　＋＋花色●　＋＋＋花色●

花色はショッキングピンクの色合いで濃度を増していく。**10**の赤色と比較してよりピンク系の派手な色になる。

赤色と花色の違いによる色変化の差（青色を足すことによる色の変化）

12：「赤色」に青色を足す色の変化

赤色のマジパン　　＋青色●　　＋＋青色●　　＋＋＋青色●
（マジパン　＋赤色●）

赤色と花色の差は、青色を加えてもよくわかる。赤色●に青色●を加えていくと、赤みがかった紫色から濃紫色へと変化する。

13：「花色」に青色を足す色の変化

花色のマジパン　　＋青色●　　＋＋青色●　　＋＋＋青色●
（マジパン　＋花色●）

花色●に青色●を加えていくと、紫色系で変化する。同じ赤色系の色粉を使っても、**12**とは色の変化が大きく異なる。

黄色を加えた場合の色の変化

14：赤色に「黄色」を加えた場合の色の変化

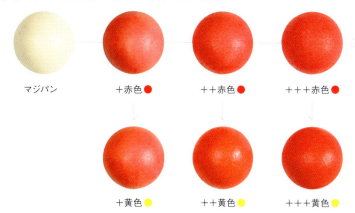

マジパン　　＋赤色●　　＋＋赤色●　　＋＋＋赤色●

＋黄色●　　＋＋黄色●　　＋＋＋黄色●

マジパンに赤色を加えるにしたがって落ち着いた濃いピンク色に変化する（カラーパレット**10**）。このそれぞれの色の段階に黄色●を加えると、明るさが増した色合いになる。

白色の比較

15：マジパンに「粉糖」を加えた場合の色の変化

マジパン　　粉糖を加えた白色
　　　　　　（マジパン　＋粉糖○）

マジパン　は白色でありながら、実はオフホワイトで少しにごりがある。濃い色合いに着色する場合はそのまま使っても問題ないが、鮮やかな青色や、真っ白にしたい場合は、粉糖（もしくはコーンスターチ）を加えて練り込んで白さを増す。

Bunny

バニー

マジパン細工のプロセスやテクニックを、このバニーを1体つくりながらつかんでほしい。
すべてのマジパン細工は「球をつくる」ことからスタートする。
ウサギの特徴は、丸っぽくやさしいフォルム。
球状から涙形の胴体をつくり、手脚も手先や足先に丸みを残し、
顔も球状から成形して細部をつくりこみ…という、
マジパンの典型的なデフォルメの手法を知ることができる。
白色ベースなので着色が少なく初心者でもつくりやすいが、難易度が高いのは耳。
耳から顔にかけてのフォルムを丸く柔らかく表現するため、
他の多くの動物とは違い、顔から細長くつまみだして耳を成形している。
全体のデフォルメが上手なら、マジパンのツルンとした表面がフワフワに見えてくるはずだ。

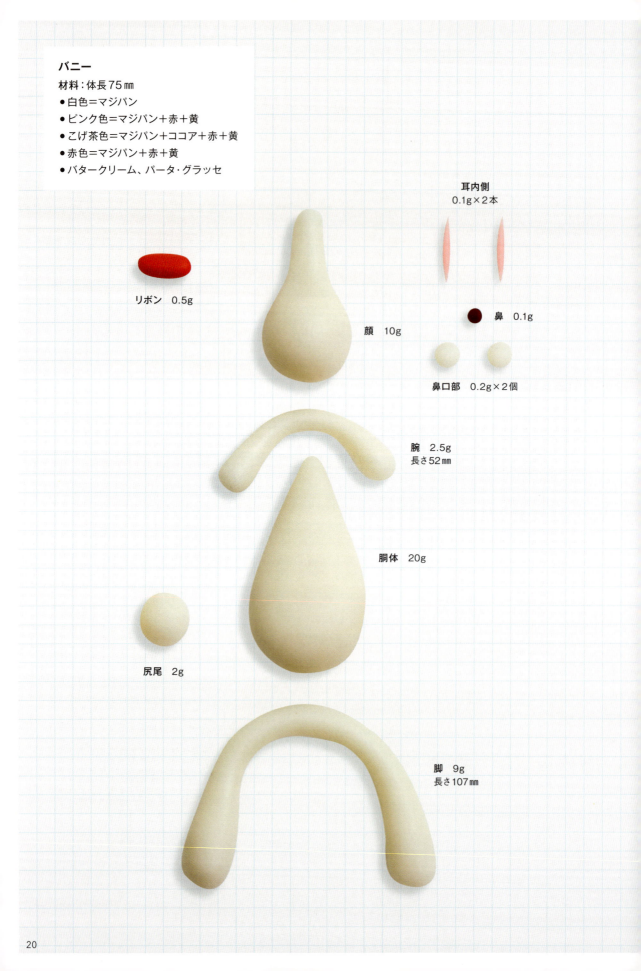

マジパンペーストの準備

マジパンの硬さを調節する

❶ マジパンペーストを適量取り分け、台上でもみ込んで硬さを調節する。両手の親指でマジパンペーストの中央を強く押し込む動きをくり返すのが基本。

● マジパンペーストは細工をする前にかならずもみ込んで硬さを調節し、全体の硬さを均一にする。
● マジパンペーストは冷蔵品なので、夏季以外は使用する前日に室温にだしておくといい。
● 作業は室温で。ただし湿度の高い季節はマジパンがダレやすいので、空調をドライにするなどして調整を。
● 海外では製菓用のマジパンローマッセを使う人が多いが、細かい細工はできないので、必ず細工用のマジパンペーストを使う。

❷ 硬さを調節するために、必要に応じて粉糖とコーンスターチを使い分けて加えてもみ込む。

● 粉糖 → マジパンにコシをつける。ただし高湿度の時季はたくさん入れると粘りがでやすいので注意を。
● コーンスターチ → マジパンのベタつきを抑える。

❸ 全体が均一で、扱いやすい硬さにする。

● 均一な硬さでないと、細工中にヒビ割れなどの原因になる。単純な作業だが、はじめのマジパンのもみ込みはとても重要。

❹ マジパンの表面は乾きやすいので、作業途中はかならずラップで包んでおく。

マジパンを着色する

❶ 次にマジパンペーストを着色する。バニーは鼻のこげ茶色、耳のピンク色、舌の赤色をつくる。それ以外の白い部分は硬さを調節したマジパンペーストをそのまま使う。着色の色調は左ページのパーツ図を参考に。

❷ 硬さを調節したマジパンペーストを必要な量だけ取り分ける。中央をへこませ、そこに溶いた色粉を小さいスプーンでのせ、その部分にマジパンペーストを押し込むようにもんで着色する。

● 着色に関しては→P12。

各パーツをつくる

胴体をつくる

❶ 白色のマジパンを球状にしてから、涙形をつくる。涙形のつくり方は →P30「ベーシックな成形のテクニック」。

❷ 指で軽く押して背面側を少し平らにする。もっとも厚い部分の厚さは20㎜。

● 胴体の基本の形は、正面から見ると涙形。サイドから見ると、腹側が下腹部にかけてふっくらとして、背面はほぼ平ら。あとは動物のキャラクターに合わせて細め、太めなど体のラインを変える。

❸ 首になる上部の形を整える。

❹ 台上に立て、安定感があるように形を整える。

● このあとの工程で顔をのせると前傾しやすいので、しっかり座りのよい形にする。

脚をつくる

❶ 白色のマジパンで球をつくってから、両端を太めにして細長くのばす（→P31「ベーシックな成形のテクニック」）。

● ウサギの脚は他の動物よりも長め。これでピョンピョン元気よく跳ねまわるキャラクターづけをする。

❷ 胴体の背面から回しつける。

● マジパン細工の基本は、パーツをつくっては貼りつけていく作業。マジパン同士は軽く押しつければすぐにつく。

❸ 両端を外向きにして足の形状にする。

● 脚の先端は動物によってさまざま。上向きにしたり、外側に向けたりなど足の形状によって、元気そうに見えたり、かわいく見えたりなどいろいろな表情をつくることができる。

❹ 足先にマジパンスティックで筋を3本入れる。これが足の指になる。

● マジパンスティックは刃側を上に向けて持ち、先端を支点にして下から上に弧を描くように柄を動かす。こうすると単なる筋模様ではなく、指先をにぎっているようなラインのニュアンスがでる。

❺ 腹部と脚が接するあたりに、左右ともに2本ずつ筋を入れる。これがお腹のたるみの表情づけになる。

腕をつくる

❶ 白色のマジパンで球をつくってから、両端を太めにして細長くのばす。長さや太さは違うが、つくり方は脚と同じ。

❷ 胴体の先端にのせる。

❸ 両端を胴体正面でつけ、手先は少し上向きにする。
● 手先も上向き、外側向きなどによって表情や動きをだすことができる。

❹ 足先と同様にマジパンスティックで筋を3本ずつ入れる。これは手の指になる。

❺ 腕の上から胴体の先端部分をマジパンスティックで押し、くっつけながらくぼませる。
● このくぼみにあとの工程で顔をつけるので、くぼみは平らではなく、前斜になるようにする。

尻尾をつくる

❶ 白色のマジパンで小さい球をつくる。

❷ 右脚の側面の少し後ろにつける。
● 尻尾は動物のデフォルメで大切なポイント。正面から見た時にきちんと見える位置につける。

顔をつくる

❶ 白色のマジパンで球をつくる。

❷ 左手のひらの中央に置く。4本の指のつけ根側の端を、右手の小指の側面で押しながら少し転がしてその部分を細長くのばす。

● すべての顔をつくるプロセスは、マジパンを球状にすることからスタート。球をつくったあと、楕円形にしたり、一部をへこませたり、三角形にするなどさまざまな形にしていく。
● ウサギは耳をピンと立たせるために、マジパンに粉糖を加えて練り直し、コシをつけてから成形するのがポイント。

❸ 指で細長くのばした部分（耳になる）の形を整えつつ、輪郭をつくる。

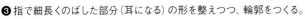

耳をつくる

❶ 顔の細長くした部分の中心にペティナイフで切り目を入れる。

❷ 左右に開いて耳の形にする。

❸ ナイフでカットした面が背面側に向き、もとの球形の丸みを帯びた面が正面に向くように耳をねじって調整する。

❹ 耳にマジパンスティックで耳穴のくぼみをつける。マジパンスティックは耳の先端側からのせる。

❺ ピンク色のマジパンで小さい紡錘形を2本つくる。

❻ 耳穴のくぼみにのせる。

❼ マジパンスティックを耳の根元に向けてのせて押し、耳穴をくぼませながらつける。

❽ 額の位置にマジパンスティックをあてて軽く押して平らにする。

❾ 両耳の先端のほうにマジパンスティックを置いてしばらくおき、耳の表情をつけて固定する。

鼻口部をつくる

❶ 白色のマジパンで小さい球を2個つくる。

❷ 顔の中心より少し下につける。

鼻をつくる

❶ こげ茶色のマジパンで小さい球をつくる。

❷ 鼻口部の上につける。

眼のくぼみをつくる

❶ マジパンスティックで眼の位置にくぼみをつくる。

● あとの工程でこのくぼみに眼球を入れるので、少し大きめにくぼませる。眼のくぼみの形や大きさもその動物や表現したい表情次第でさまざまだが、縦長にすることが多い。

眉毛のラインをつける

❶ 眼のくぼみの上にマジパンスティックをさして眉毛のラインを入れる。

● 眼の上のどの位置にマジパンスティックをさすかによって、表情も変わる。たとえば、眼の真上にラインを入れれば元気そうに見えたり、真上から少しずらすとタレ眼に見えたりする。

口をつくる

❶ 鼻口部の下に、マジパンスティックを下から差し込み、そのまま柄を上下に数回動かして口を大きめにあける。

❷ ①で同時に歯の部分もできたので、歯の中心にマジパンスティックで筋を1本入れる。さらに歯のラインが自然になるように整える。

細かい表情をつくる

❶ マジパンスティックで口の下を数回なぞり、口のまわりやアゴのたるみをつくる。

● 何回もこまめになぞって仕上げていく。

❷ 口の両側にマジパンスティックをさし、頬のラインをつける。

❸ 頬のラインにそってマジパンスティックでなぞって頬をふっくらとさせる。

❹ 顔全体のバランスをみながら、何度もごく軽くなぞってさらに整える。

❺ 指先でつまんでアゴの形を整える。

❻ もう一度ラインを整える。

❼ 眼のくぼみも再度形や深さを確認して整える。

● 頭の中で完成したときの顔のイメージをふくらませ、顔全体を見ながら表情をつける。

組み立てる、眼を入れて仕上げる

胴体に顔をのせる

❶ 胴体の先端につくったくぼみに顔をのせる。

❷ 白色のマジパンで直径5mmの球をつくり、顔の後ろに置いて支えにする。

❸ 左手で軽く顔を押さえながら、マジパンスティックで支えを押してきちんと固定する。

● マジパン細工は正面からサイドくらいまでが細工として見せる範囲。背面はいわば張りぼて状態になる。その理由は背面まで細工を施すと、マジパンペーストの重量が増え、胴体で支えられず不安定になるため。

❹ 次に左手で顔の後ろ側を押さえながら、眼のくぼみをマジパンスティックで押して顔の角度を固定する。

● ③、④の工程は顔の角度や全体の重心、バランスをみながらする。

あとは眼入れのみで完成まであと一歩。この段階で体全体のバランスを最終確認する。

Marzipan zoo

眼を入れる

❶ まず白眼を入れる。バタークリームを眼のくぼみに絞り入れる。

- 上めの角度から絞り入れる。
- 白眼は表面がツルリとなめらかな球体に絞ることが重要。さもないと、このあと入れる黒眼がきれいにのらない。
- バタークリームは柔らかすぎればきれいな球体の白眼にならず流れてしまい、硬すぎれば表面がなめらかでなくボコッとしてしまう。柔らかすぎず硬すぎずの適度な硬さが肝心。
- 眼のくぼみをすべて埋めず、余白を残す。この余白はつくりたい表情や動物によって変わるが、上1/3くらいには絞り入れないことが多い。
- 万が一失敗した場合は、先端が小さい球状のマジパンスティックでこそげ取り、さらにマジパンスティックの先端をティッシュペーパーで包んでからきれいにふき取る。
- 白眼と光彩は基本的にはバタークリームで入れるが、マジパン細工をケーキのデコレーションではなくディスプレイなどに使う場合は、劣化しにくいホワイトチョコレートのパータ・グラッセかグラス・ロワイヤルを使ったほうがいい。

❷ 続けてすぐに黒眼を入れる。パータ・グラッセをマジパンスティックの先端に少量つけ、白眼の上につける。

- 白眼の中のどの位置に黒眼を入れるかで表情はガラリと変わる。どう表現したいかをあらかじめイメージしてから黒眼を入れること。

❸ すぐに光彩を入れる。バタークリームを黒眼の上に大、小で2点絞る。

- 黒眼のパータ・グラッセが固まらないうちに、すぐに光彩を入れる。パータ・グラッセが固まってから入れると、微細な力がかかるだけでも白眼のバタークリームに力がかかってつぶれてしまうため。
- 光彩は眼のキラキラした輝き。上に大、下に小の2つ絞る。大きいほうの光彩でも0.1mm以下の小さな点だが、これを入れると表情が格段にビビッドになる。
- 「眼は口ほどに物を言う」という通り、眼は表情づくりにおいて大きなカギ。眼のくぼみを縦長にしたり、真ん丸にしたり、白眼の入れ方や量、さらに黒眼をどちらに向いているかに入れるかによって、キャラクターの性別や性格さえも変えてしまう影響力がある。いわばマジパン細工に命を吹きこむ、もっとも神経をつかう工程だ。

バタークリームの準備：白眼、光彩用

❶ バタークリームを用意する（→P29）。

❷ 少量をとり板にのせ、パレットで何度も練り込んで空気を抜いてなめらかにする。

❸ フィルムシートでつくったパイプに入れる。白眼と光彩を入れるために使うので、2つのパイプを用意する。

❹ 右写真のようにパイプの先端をハサミでカットする。

白眼用：先端0.5mmくらいをカットする。

光彩用：可能な限り先端をカットする（白眼用よりさらに絞り口は小さい）。

リボンをつくる

❶ 赤色のマジパンで小さい俵形をつくる。

❷ マジパンスティックで転がしながら、等間隔に2本の筋を側面まで入れる。

❸ 2本の筋の外側から中心に向かってマジパンスティックで押してくぼみをつける。

❹ マジパンスティックで筋のそれぞれ両端をさらに深くしてリボンの形に整える。

❺ 耳の間につける。

● リボンや帽子などの小物はとても役に立つアイテム。たとえば耳の間や額のスペースが間の抜ける印象の場合には、小物をつけるとパッとイメージが変わる。リボンや帽子は色を変えればアレンジは無限。

バタークリーム

材料／無塩バター、有塩バター、ショートニング各100g
グラニュー糖60g　水30g　ホワイトラム8g

❶ バター、ショートニングを混ぜる。
❷ グラニュー糖と水を105℃まで熱して火をとめ、粗熱がとれたらホワイトラムを加える。
❸ ①に②を少しずつ加えながら混ぜる。

パータ・グラッセの準備：黒眼用

❶ パータ・グラッセ（上がけ用チョコレート）を50℃くらいの湯煎にあてて溶かす。湯煎のお湯はけっして沸騰させないこと。粘度がつきすぎてきれいに黒眼を入れられなくなる。

Marzipan zoo　29

ベーシックな成形のテクニック

球をつくる［すべての成形のスタート］

❶ 両手のひらの間でマジパンを円を描くように転がして球状にする。力の加減は強く押したりせず、やさしく。

● 手のひらの中央はなだらかに丸みを帯びてへこんでいる。このくぼみを生かして生地を転がすのがポイント。
● 表面はヒビ割れなどなく、なめらかにすることがきわめて重要。すべての成形のスタートは球状にすることからはじまるので、はじめになめらかできれいな球体の表面ができていないと、仕上がりまでヒビ割れたり、でこぼこができたりする。
● ごく小さい球をつくる場合は、左手のひらにのせて右手の人さし指で転がす。もしくは人さし指と親指の間で転がして丸めてもいい。

涙形をつくる［胴体の基本の形など］

❶ 上記の「球をつくる」要領で球をつくる。
❷ 左の手のひら中央のくぼんでいる部分に置く。
❸ 球の親指のつけ根と反対側の半分を、右手の側面を使って転がして細くし、涙形にする。親指のつけ根側の半分は球状の形がそのまま残る。立体なので洋梨のような形状になる。

● 右手の側面のどこを使って転がすかは、つくる涙形のサイズによって変わる。たとえば、胴体をつくる場合は手のひらの側面、小さい涙形をつくる場合は小指の第1関節と第2関節の間の側面を使う。
● 動物の胴体は涙形でつくる場合が多い。

まっすぐに細長くする［ヒモ状のパーツなど］

❶ P30「球をつくる」要領で球をつくる。
❷ 台上に置き、球の中央に人さし指の指先をのせて転がす。のびるにしたがって中指、薬指と指の本数を増やして長くしていく。
❸ ある程度までのばしたら、板を使ってさらに転がし、表面を平らにしながら細長くのばす。

両端を太めにして細長くする［脚、腕など］

❶ 上記の「まっすぐに細長くする」①～②の要領で細長くのばす。ただし、両端には触れずにのばし、両端を太いまま残す。

● 両端の太めに残した部分が、足先や手先になる。

紡錘形をつくる［髪の毛など］

❶ 右手の人さし指と親指の間でマジパンを丸め、小さい球状にする。
❷ 左手の中央から親指のつけ根が盛りあがるあたりに置く。
❸ 親指に向かって右手の人さし指で転がし、片端を細くする。親指のつけ根のふっくらとしたラインを利用してうまく転がすと、先端に向かって次第に細くできる。

Marzipan zoo

Lion

ライオン

百獣の王ライオン。かわいらしいマジパン細工ではあっても、強そうに見える
"らしさ"が大事だ。だからこのライオンは男のコを思い描いてつくっている。
そのためのデフォルメのひとつが、横広がりの顔。
タテガミのパーツを巻くと横広がりが緩和されるので、思いきり楕円形にしたほうがいい。
筋肉質で手足も大きいイメージなので、肉球をていねいにつくってそこを強調する。
サバンナの夕陽のようなオレンジがかった明るい茶色と、タテガミのこげ茶色は
いわゆる"おいしそうな色"の組み合わせで、つくっていると気分がどんどん乗ってくる。
マジパン細工の練習は着色をせずにする場合が多いが、実は色づくりが大きなカギ。
色も含めてデフォルメのらしさを表現するものだからだ。
おいしそうな茶色のバリエーションを感じとるのに、ライオンはとてもいい練習になる。

ライオン

材料：体長65㎜
- オレンジがかった茶色＝マジパン＋黄＋赤＋ココア
- こげ茶色＝マジパン＋ココア＋赤
- 茶色＝オレンジがかった茶色のマジパン＋マジパン＋ココア
- 赤色＝マジパン＋赤＋黄
- 白色＝マジパン
- バタークリーム、パータ・グラッセ

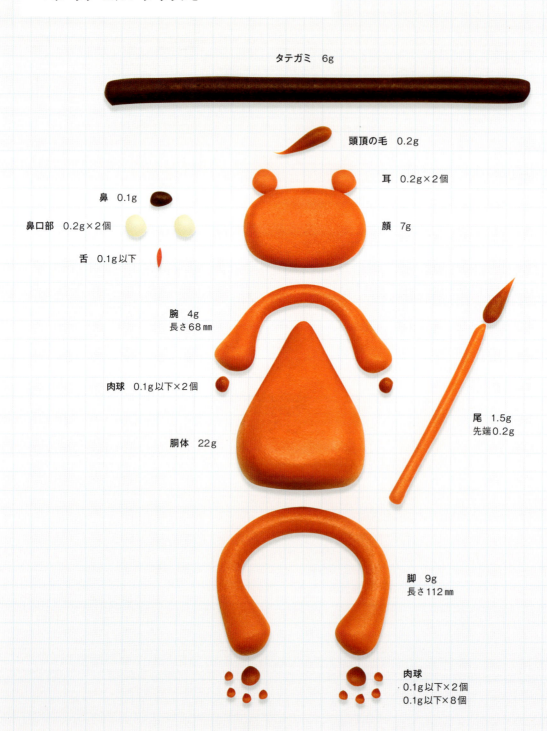

タテガミ　6g

頭頂の毛　0.2g

耳　0.2g×2個

鼻　0.1g

鼻口部　0.2g×2個

顔　7g

舌　0.1g以下

腕　4g
長さ68㎜

肉球　0.1g以下×2個

尾　1.5g
先端0.2g

胴体　22g

脚　9g
長さ112㎜

肉球
0.1g以下×2個
0.1g以下×8個

❶ 胴体：オレンジがかった茶色のマジパンで涙形をつくり、指先で形を整えて台上に立てる。腹側はほぼ平ら、背側は下部がなだらかに広がるライン。正面から見たシェイプは、下腹のほうにずっしりと安定感をだす。もっとも厚い部分は厚さ20mm。

❷ 脚：オレンジがかった茶色のマジパンを両端は少し太めにして細長くのばす。

❸ 胴体下部に背面から巻きつける。

❹ 両端を胴体に向かって軽く押して足先をつくる。ライオンは足先と手先は大きめを意識して成形する。

❺ お腹と両脚が接するあたりに、お腹のたるみをイメージした筋を左右2本ずつ入れる。

❻ 足先に指のラインを左右3本ずつ入れる。指先が外側に向いているように入れると、活動的に動きだしそうな表情になる。マジパンスティックは刃側を上に向けて下から上に向かって動かす。

❼ 腕：オレンジがかった茶色のマジパンを両端は少し太めに残して細長くのばす。

❽ 胴体の先端にのせ、胴体のラインに沿わせて巻きつける。

❾ 両端を正面でつけながら、胴体のほうに軽く押して手先の形をつくる。足先と同様に少し大きめに。

❿ 手先に指のラインを左右2本ずつ入れる。これも足先と同様に外側に向けて入れる。

⓫ 腕と胴体の先端をマジパンスティックで押してくっつけながらくぼませる。

⓬ 足裏の肉球：足の肉球は足裏部分が少し大きく、指部分は小さく4個つけるので、まず足裏部の肉球から。茶色のマジパンで小さな球をつくる。手のひらで転がしてつくってもいいが、慣れると人さし指と親指で転がしてつくれる。

⓭ 押しつぶして平らにする。

⓮ 足先の中央より少し下につける。

⓯ 2本の筋を入れる。肉球のディテールを細かくすることによって、足先や手先の大きさ感を表現し、大きな動物としてのデフォルメをしている。

⓰ 手のひらの肉球：茶色のマジパンで足裏部の肉球と同様にして、手のひらにつける。筋を1本入れる。

⓱ 足の指の肉球：茶色のマジパンでごく小さな球を8個つくる。

⓲ 左右の足先につけたラインに合わせて4個ずつつける。手はデフォルメが細かくなりすぎないように指の肉球はつけない。

Marzipan zoo 35

⑲ 顔：オレンジがかった茶色のマジパンで球をつくってから、両手のひらの間で転がして円柱形にする。

⑳ 指先で押しながら楕円形に形を整える。厚さは11mm。体が大きく強い動物であることを表現するために、顔は横に大きくする。

㉑ タテガミ：こげ茶色のマジパンを細長くのばす。

㉒ さらに板を使ってまっすぐに細長くのばす。タテガミのこげ茶色は、ライオンの男性的な力強さを表現するために濃いめにしている。単体の色ではなく、顔のオレンジがかった茶色と合わせた時にどう見えるかを考えるのがポイント。

㉓ 顔に巻きつける。タテガミの合わせ目は下（アゴ）側に。タテガミよりも顔のほうが厚みがある。

㉔ 均等に約16本の筋を入れる。

㉕ 耳：オレンジがかった茶色のマジパンで小さい球を2個つくる。頭頂部のタテガミの上にのせる。

㉖ マジパンスティックで軽く押してつけながら、耳の穴もあける。このマジパンスティックの先端はなだらかに曲がった角度がついているので、使う時の向きを考えて利用する。

㉗ 鼻口部：白色のマジパンで小さい球を2個つくり、顔にのせる。2個をぴったりくっつけて並べず、下のほうを少し離す。

㉘ 鼻：茶色のマジパンで小さい小豆形をつくる。白色の鼻の上に横向きにのせる。

㉙ 眼：眼のくぼみをやや縦長につける。

㉚ 眉毛：眼のくぼみの上に眉毛のラインをつける。

眉毛のラインを入れる前と、入れたあとのライオン。眉毛ひとつで表情が生き生きとする。

㉛ 口：口の穴をあける。

㉜ 頭頂の毛：茶色のマジパンで長めの涙形をつくる。両耳の間につける。

㉝ 筋を3本入れる。指先で先端の細い部分をピンと立たせる。

㉞ 舌：赤色のマジパンでごく小さい紡錘形をつくる。マジパンスティックで片端をさしてそのまま口の中につけ、舌の形を整える。

❹⓪ クルリと丸めながら、胴体に沿わせる。

❸⓹ 胴体に顔をのせる。

❹❶ 茶色のマジパンで小さな涙形をつくり、筋を3本入れる。

❸❻ オレンジがかった茶色のマジパンを直径5mmに丸めて顔の後ろにのせて支えにし、マジパンスティックで後ろから押してつける。

❸❼ 支えのところを指で押さえながら、眼のくぼみをマジパンスティックで押して顔を固定する。これで全体の重心やバランスを整える。

❹❷ 尻尾の先端にピンと立つようにつける。先端の重みで尻尾のラインがダレてしまわないように注意。プリンカップやセルクルなどをあてて尻尾の先端を10分くらい固定するとしっかり固まる。

❸❽ 尻尾：オレンジがかった茶色のマジパンを細長くのばす。

❹❸ 眼：バタークリームで白眼を絞り入れる。

❸❾ 背面の脚の上につける。

❹❹ すぐにパータ・グラッセで黒眼を入れる。このライオンは光彩を入れていないが、バタークリームで光彩を入れてもいい。

Marzipan zoo　37

Mouse

ネズミ

チョロチョロと動きまわり、キッチンのチーズを盗み食い…。
ネズミはそんなイタズラっ子のユーモア感あるキャラクターを表現している。
それを一番表わしているのは、歯と口元。
黒眼もかなり上向きにしているので、今にもイタズラをしそうに見えるだろう。
成形は複雑ではないが、大きい耳がネズミとしての特徴あるフォルムだ。
ネズミといえば実際は灰色や茶色だが、
それを紫にするのがマジパンの色使いのデフォルメの妙。
男のコのネズミをイメージしているので、ピンク系ではなく紫色を選んだこともあるが、
紫色はマジパン細工に使う多くの色の中で、とてもカラフルで映える色。
ズラリとマジパン細工を並べたコーナーがビビッドで華やかになる効果も考えているのだ。

ネズミ

材料：体長64㎜
- 紫色＝マジパン＋花＋青
- 白色＝マジパン
- こげ茶色＝マジパン＋ココア＋赤
- 茶色＝こげ茶色のマジパン＋黄
- バタークリーム、パータ・グラッセ

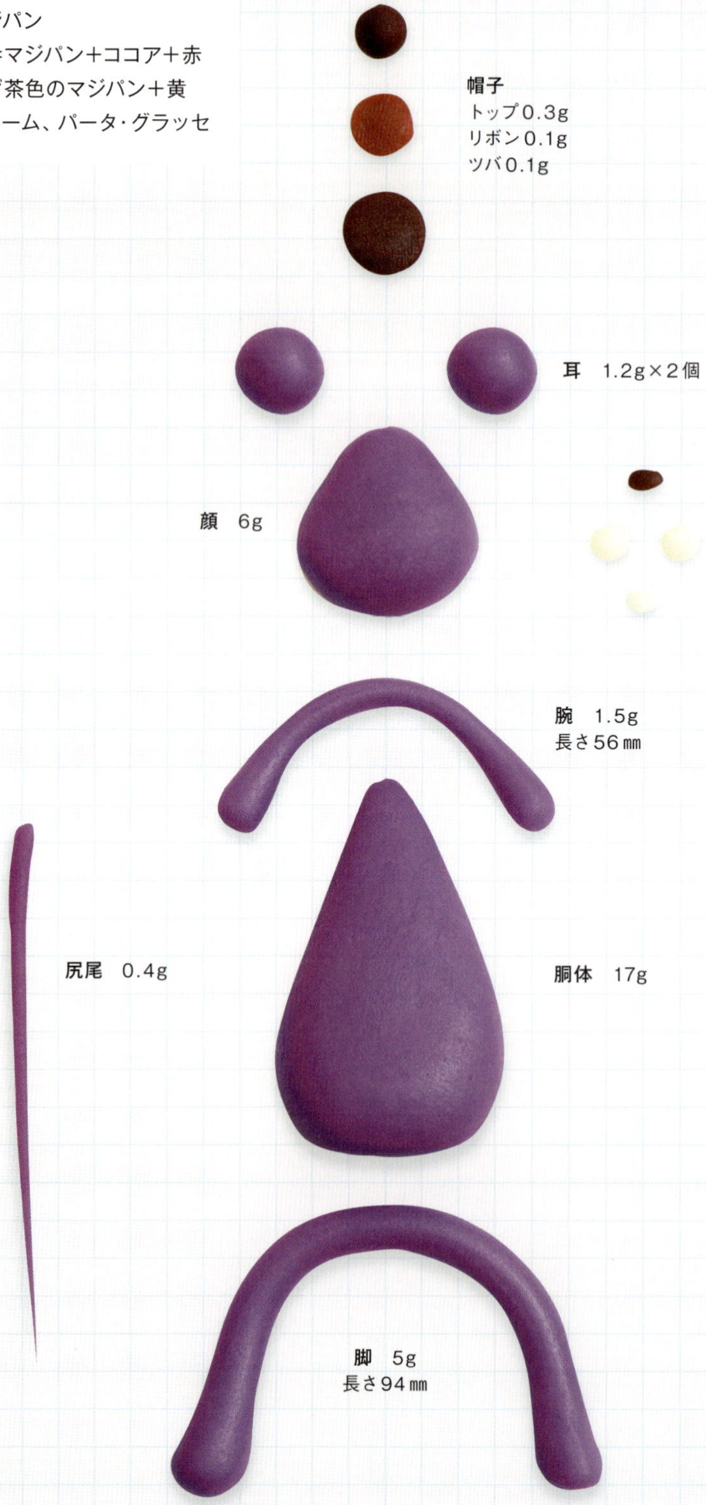

帽子
トップ 0.3g
リボン 0.1g
ツバ 0.1g

耳　1.2g×2個

鼻　0.1g

鼻口部　0.2g×2個

前歯　0.1g

顔　6g

腕　1.5g
長さ56㎜

尻尾　0.4g

胴体　17g

脚　5g
長さ94㎜

❶ 胴体：紫色のマジパンで涙形をつくり、指先で形を整える。腹側、背側ともにほぼ平ら。もっとも厚い部分は厚さ18mm。

❷ 台上に立て、安定するように形を整える。

❸ 脚：紫色のマジパンを両端は少し太めにして細長くのばす。ネズミは小動物らしさをだすために、脚も腕も細めにする。

❹ 胴体下部に背面から巻きつける。

❺ 両端の先端のほうを胴体に向かって軽く押してラインをつける。チョロチョロと細長い脚をイメージする。

❻ 足先に指のラインを左右2本ずつ入れる。マジパンスティックは刃側を上に向けて下から上に向かって動かす。

❼ 腕：紫色のマジパンを両端は少し太めに残して細長くのばす。

❽ 胴体の先端にのせ、胴体のラインに沿わせて巻きつける。両端を正面でつけながら、胴体のほうに軽く押して手先の形を上向きに形づくる。

❾ 手先に指のラインを左右3本ずつ入れる。

❿ 腕と胴体の先端をマジパンスティックで押してくっつけながらくぼませる。

⓫ 顔：紫色のマジパンで球をつくり、指で押して平らにしながら、三角形に近い栗のような形にする。

⓬ マジパンスティックを上から1/3くらいのところに押しつけてへこませる。

⓭ さらに人さし指の側面で押して上部（頬から上の位置）を平らに形を整える。

⓮ 先端のほう（頭頂になる）を指でとがらせる。

⓯ 両手の親指と人さし指を使い、先端をとがらせながら、下部を上に押しあげて頬から口にかけてをふくらませる。

⓰ さらに形を整える。顔のもっとも厚い部分が厚さ12mm。

⓱ 口と前歯：口の部分を少し横長にくぼませる。

⓲ 白色のマジパンで小さい小豆形をつくり、口のくぼみに入れる。

Marzipan zoo

⓳ 口のくぼみの下のラインに合わせてマジパンスティックを差し込み、そのまま柄を上下に動かして口を下のほうにあける。

⓴ このように口の形ができる。

㉘ 頬のあたりを指先でつまんで形を整える。

㉙ 眉毛：眼のくぼみの上に眉毛のラインをつける。

㉑ 前歯の中心に筋を1本入れる。

㉒ 筋に合わせ、歯のラインをつくる。この時はマジパンスティックの刃先を上に向けて使う。

㉓ 鼻口部：白色のマジパンで小さい球を2個つくり、口の上にのせる。口の上のラインから少し口のほうにはみだす位置につける。

㉚ 耳：紫色のマジパンで小さい球を2個つくる。マジパンスティックで軽く押し、そのまま頭頂部にのせる。

㉔ 鼻：こげ茶色のマジパンで小さい小豆形をつくり、白い鼻の上に立ててつける。

㉛ マジパンスティックを頭頂のほうに押しつけ、耳をしっかりつけながら耳穴をあける。

㉕ 眼：眼のくぼみをやや縦長につける。

㉜ さらに耳穴を大きく広げる。

㉖ 口の下をマジパンスティックで何度かなぞって、アゴのたるみをつける。

㉝ 帽子：こげ茶色のマジパンで小さい球をつくり、台上に置く。マジパンスティックで押して平らにする。

㉗ 指先でつまんでアゴの形と口のあき方を調整する。

㉞ 茶色のマジパンで小さい球をつくり、指で押して平らにする。これを上にのせる。

㉟ 上からマジパンスティックで押してつける。

㊹ セルクルをあててしばらく置いて固定する。

㊱ こげ茶色のマジパンで小さい球をつくり、上にのせる。

㊺ お腹と両脚が接するあたりに、お腹のたるみをイメージした筋を左右2本ずつ入れる。

㊲ 頭頂部につける。

㊻ 眼：バタークリームで白眼を絞り入れる。

㊳ 胴体に顔をのせる。

㊼ すぐにパータ・グラッセで黒眼を入れる。白眼の上半分くらいに入れ、イタズラっ子っぽい上眼づかいになるようにする。

㊴ 紫色のマジパンを直径5mmに丸めて顔の後ろにのせて支えにし、マジパンスティックで後ろから押してつける。

㊽ すぐにバタークリームで光彩を絞る。

㊵ 支えのところを指で押さえながら、眼のくぼみをマジパンスティックで押して顔を固定する。全体の重心やバランスを整える。

㊶ 尻尾：紫色のマジパンを細長くのばし、人さし指で転がしながら左側の先端を細くする。

㊷ クルリと丸める。

㊸ 右脚の上につけ、胴体に沿わせてピンと立つように整える。

Marzipan zoo 43

Piglet

ピグレット

シンプルなだけにむずかしく、ピンク色の着色や、頭の大きさや形、
そして仕上げの眼の入れ方次第で、ガラリと雰囲気が変わりやすい。
こういった点では競走馬(→P50)のように装飾が多いキャラクターは、手先が器用ならば
それなりの形がつくが、このコブタの仕上がりはつくり手のセンスに大きく左右される。
ピンク色の着色で重要なポイントは、マジパンに赤色だけでなく、黄色を足すことだ。
黄色をごく少量加えると、色の掛け合わせによる深みがでて、ピンクの色合いがやさしくなる。
ブタはキャラクターをのせやすい動物で、僕がイメージしたのは
「イヤイヤ太りたくないの」とちょっと体型を気にしているキュートな女のコ。
頬にはほんのり赤いチークを入れ、耳には赤いリボンをつけて、やや離れ眼の上眼づかい。
みんなに愛されるかわいらしさを印象づけている。

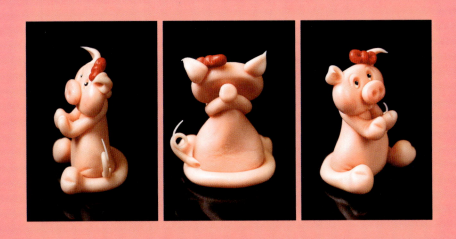

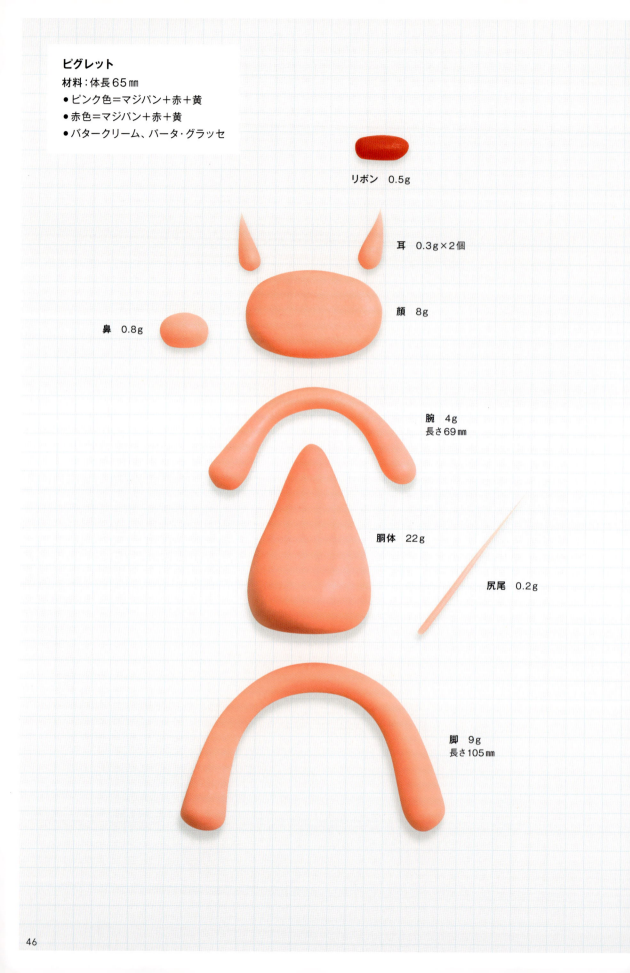

❶ 胴体：ピンク色のマジパンで涙形をつくる。ピンク色の着色は赤色にごく少量の黄色を加えて、やさしい色調のピンクにする。

❿ 胴体の先端にのせ、胴体のラインに沿わせて巻きつける。両端を上向きにしながら、正面で両端をつける。

❷ 台上に置き、手のひらのつけ根で軽く押してほぼ平らにする。このピグレットは背面、腹部ともにほぼ平らで、正面から見た時に下腹部がぼってりと太めになるイメージで形を整える。

⓫ 腕と胴体の先端をマジパンスティックで押してくっつけながらくぼませる。

❸ 先端部の形を整えてから、台上に置いてバランスを整える。もっとも厚い部分は厚さ22mm。

⓬ 足先と同様にして、手先にも少し外向きになるように爪先のあとをつける。

❹ 脚：ピンク色のマジパンを両端は少し太めにして細長くのばす。

❺ 胴体下部に背面から巻きつける。

⓭ 全体のバランスを確認して整える。

❻ 足先になる両端部分をお腹につけながら、足先が少し外側を向くようにする。

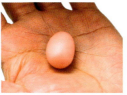
⓮ 顔：ピンク色のマジパンを球状にしてから、俵形に近い形にする。

❼ お腹と両脚が接するあたりに、お腹のたるみをイメージした筋を左右2本ずつ入れる。

⓯ 台上に置き、指で軽く押してほぼ平らにする。

❽ 足先に爪先のあとをつける。少し外向きの角度でつける。

⓰ さらに楕円形になるよう形を整える。もっとも厚い部分の厚さは9mm。

❾ 腕：ピンク色のマジパンを両端は少し太めにして細長くのばす。

Marzipan zoo 47

 ⓱ 鼻：ピンク色のマジパンで小さい楕円形をつくる。

 ㉖ 指先で耳を少し曲げて表情をつける。

 ⓲ 顔中心より少し下につけ、指先で軽く押して平らにする。顔は横広がりで、鼻も同じ横広がり。この形で"太っている"感がでる。

 ㉗ 赤の色粉をキルシュで薄めに溶く。

 ⓳ 眼：眼のくぼみをつける。"ちょっと離れ眼のかわいい女のコ"をイメージして入れる。

 ㉘ ゴム手袋をはめ、指先に溶いた色粉をつけ、鼻面に色をのせる。

 ⓴ 眉毛：眼のくぼみの上に眉毛のラインをつける。

 ㉙ 同様に両頬にも色をのせる。太っているキャラクターだけに、顔に空きスペースが多いので、そこをうまく利用して女のコらしさを強調する赤色のチークを入れる。

 ㉑ 口：鼻の下に口の穴をあける。

 ㉚ 鼻：鼻に鼻穴をあける。

 ㉒ 耳：ピンク色のマジパンで小さい涙形をつくる。

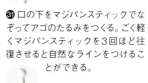 ㉛ 口の下をマジパンスティックでなぞってアゴのたるみをつくる。ごく軽くマジパンスティックを3回ほど往復させると自然なラインをつけることができる。

 ㉓ 涙形の先端とマジパンスティックの先端を合わせてくぼませて耳穴をつくる。

 ㉜ 顔を胴体にのせる。

 ㉔ 耳穴にマジパンスティックを押しつける。

 ㉝ ピンク色のマジパンを直径5mmに丸めて顔の後ろに置いて支えにし、マジパンスティックで後ろから押してつける。

 ㉕ そのまま頭頂部にのせ、マジパンスティックを頭頂部に向けて強めに押してつける。

 ㉞ 支えのところを指で押さえながら、眼のくぼみをマジパンスティックで押して顔を固定する。これで全体の重心やバランスを整える。

㉟ 尻尾：ピンク色のマジパンを細長くのばして片端を細くする。

㊶ リボン：赤色のマジパンでリボンをつくる（つくり方はP29バニーのリボンと同様）。

㊱ 先端をクルンと丸める。

㊲ 背面左側に先端がピンと立つようにつける。

お腹はずんぐりと太めだが、首にあたる胴体の先端はキュッと細い。この細さに顔の大きさを強調する効果がある。

㊷ リボンを左耳の内側につける。女のコを表現しながら、横に広く大きい顔ゆえに離れている耳の間のスペースを埋めている。

㊳ 眼：バタークリームで白眼を絞り入れる。

㊴ すぐにパータ・グラッセで黒眼を入れる。

㊵ すぐにバタークリームで光彩を絞る。

Racehorse

競争馬

馬面というように、顔の長さがポイントで、
ヒヒーンといななく歯の形がユニークなので、
顔を少し横向きにして胴体にのせ、ひと目見て馬の特徴がわかるように強調している。
僕も子供の頃に馬に乗ったことがあるが、うまい騎手でないと
易々とは言うことをきいてくれない、そんなちょっとイタズラな男のコのイメージだ。
競走馬にしたのは、鞍や手綱などの小物使いで、カラフルな造形に仕上げられるから。
実際には馬がこのように座ることはないのだが、
動物のマジパン細工は四つ足の形状よりも、
まるで人間のように座らせたり、お腹が見えるように立たせたほうが、
かわいらしく、ユーモアたっぷりにデフォルメできる。

 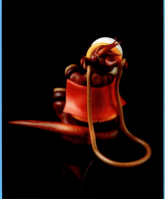 

競走馬

材料：体長72㎜
- 赤茶色＝マジパン＋ココア＋赤＋黄
  （耳、顔上部、胴体、腕、脚）
- 赤みがかった茶色＝マジパン＋ココア＋黄＋赤
  （タテガミ、尻尾）
- こげ茶色＝赤茶色のマジパン＋ココア
  （ヒヅメ）
- 黄銅色＝赤みがかった茶色のマジパン＋ココア
  （蹄鉄）
- 白色＝マジパン
  （顔下部、歯）
- 赤色＝マジパン＋赤＋黄少量
  （鞍）
- 深みのあるオレンジ色＝マジパン＋黄＋赤
  （腹帯）
- 明るいオレンジ色＝マジパン＋黄＋赤
  （鼻の革ヒモ）
- 黄色みがかった黄銅色＝マジパン＋黄＋ココア
  （手綱、鼻の革ヒモの大きい金具）
- オレンジがかった茶色＝黄色みがかった黄銅色のマジパン
  ＋赤色のマジパン
  （鼻の革ヒモの小さい金具）
- バタークリーム、パータ・グラッセ

タテガミ 1g×3本

耳 0.3g×2個

顔 赤茶色4g 白色7g

歯 1g

腕 3g 長さ53㎜

腕のヒヅメ 0.5g×2個

腕の蹄鉄 0.2g×2個

胴体 22g

鞍 30㎜×55㎜

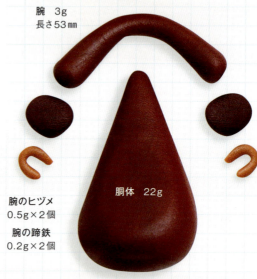

手綱 1.5g

腹帯 1.5g

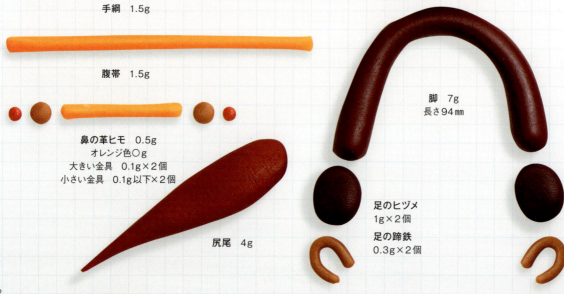

鼻の革ヒモ 0.5g
オレンジ色○g
大きい金具 0.1g×2個
小さい金具 0.1g以下×2個

尻尾 4g

脚 7g 長さ94㎜

足のヒヅメ 1g×2個

足の蹄鉄 0.3g×2個

❶ 胴体：赤茶色のマジパンで涙形をつくる。この色はリス（→ P74）よりも少し濃いめの赤茶色。

❷ 先端のほうを細長く整える。

❸ 台上に立ててバランスを整える。もっとも厚い部分は厚さ24㎜。

❹ 脚：赤茶色のマジパンを両端は少し太めにして細長くのばす。

❺ 胴体下部に背面から巻きつける。

❻ 両端を胴体のほうに軽く押して足先の形をつくる。

❼ お腹と両脚が接するあたりに、お腹のたるみをイメージした筋を左右2本ずつ入れる。

❽ 足のヒヅメ：こげ茶色のマジパンで小さい球を2個つくる。指先で押して少し平らにし、両足先につけてヒヅメとする。

❾ 腕：赤茶色のマジパンを両端を少し太くして細長くのばす。

❿ 胴体の先端にのせ、胴体のラインに沿わせて巻きつける。

⓫ 腕と胴体の先端をマジパンスティックで押してくっつけながらくぼませる。

⓬ 手のヒヅメ：こげ茶色のマジパンで小さい球を2個つくり、指先で押して少し平らにする。足のヒヅメと同様に手先につける。

⓭ 顔：赤茶色、白色のマジパンでそれぞれ球をつくり、2つを重ねてくっつけてから再度軽く丸め直す。赤茶色のほうを指で細長くつまみだす。白いほうが顔の下部（鼻、口）になる。

⓮ 小指の側面を使い、2色のマジパンの境界線の赤茶色側をへこませる。白いマジパンのもっとも厚い部分は厚さ20㎜、赤茶色のマジパンのもっとも厚い部分は厚さ16㎜。

⓯ 口：白色のマジパンの先端部にペティナイフで深く切り目を入れる。茶色のマジパンとの接点ギリギリまで入れる。

⓰ 指で切り目を開く。

⓱ 歯：白色のマジパンで紡錘形をつくる。

⓲ 口の中にはめる。

Marzipan zoo

⓭ 横に上下の歯の筋を1本入れる。

㉘ 腹帯：深みのあるオレンジ色のマジパンを細長くのばし、さらに木板で転がしてきれいにのばす。

⓴ 歯の筋を6本入れる。さらに筋をきれいにつけて歯の形をリアルにする。

㉙ 胴体の腹側から回しつけ、背中の中央でとめる。余分はペティナイフでカットする。

㉑ マジパンスティックを赤茶色のマジパンと白色のマジパンの境界線にあてて軽く押し、顔のラインにメリハリをつける。

㉚ 耳：赤茶色のマジパンで小さい涙形をつくる。

㉒ 眼：マジパンスティックを頭頂のほうから縦にあてて押し、眼のくぼみを縦長につける。

㉛ 涙形の先端とマジパンスティックの先端を合わせてくぼませて耳穴をつくる。

㉓ さらに眼のくぼみの形を整える。

㉜ マジパンスティックの先端を耳穴に押しつけて台上から取りあげ、そのまま頭頂部につける。

㉔ 眉毛：眼のくぼみの上に眉毛のラインをつける。

㉝ タテガミ：赤みがかった茶色のマジパンで長めの涙形をつくる。細いほうの先端を指先で曲げて毛先の表情をつける。

㉕ 鼻の穴をあける。

㉞ 頭頂部に3本つける。

㉖ 鼻の革ヒモ：明るいオレンジ色のマジパンを細長くのばす。

㉟ 足の蹄鉄：黄銅色のマジパンを細長くのばす。

㉗ 顔の赤茶色と白色の境界線につける。

㊱ ヒヅメにつける。

㊲ 蹄鉄に8ヵ所くぼみをつける。

㊻ 鼻の革ヒモの片端につけ、背面から回してもう一方につける。

㊳ 腕の蹄鉄：腕にも足と同様にして蹄鉄をつけ、7ヵ所くぼみをつける。

㊼ 黄色みがかった黄銅色のマジパンで小さい球をつくる。指先で押して平らにし、手綱の先端につける。

㊴ 鞍：赤色のマジパンを麺棒で厚さ1mmにのばす。30mm×55mmにカットする。

㊽ もう一方も同様にする。

㊵ 胴体の背面に回しつける。

㊾ オレンジがかった茶色のマジパンで小さい球を2個つくる。指先で押して平らにし、さらに上につける。

㊶ 尻尾：赤みがかった茶色のマジパンで長い涙形をつくり、台上にのせて指で軽く押す。もっとも厚い部分の厚さは9mm。筋模様を入れる。

㊷ 背面の脚の上に貼りつけ、胴体の左側にでるように調節する。

㊸ 胴体に顔をのせる。赤茶色のマジパンを直径5mmに丸めて顔の後ろにのせて支えにし、マジパンスティックで後ろから押してつける。

㊿ 眼：バタークリームで白眼を絞り入れる。

㊹ 支えのところを指で押さえながら、眼のくぼみをマジパンスティックで押して顔を固定する。これで全体の重心やバランスを整える。

51 すぐにパータ・グラッセで黒眼を入れる。

㊺ 手綱：黄色みがかった黄銅色のマジパンを細長くのばし、さらに板を使ってきれいに細長くする。

52 すぐにバタークリームで光彩を絞る。

Marzipan zoo 55

Panda

パンダ

愛されキャラのパンダは、実は白と黒の地味な色の動物だ。
これをそのままマジパン細工にすると沈んでしまうので、
黒色部分をカラフルな紫色にしてデフォルメしている。
ベースはマジパンのナチュラルなオフホワイト色だ。
パンダは女性ぽいキャラクターの動物だと僕は思っている。
だからちょっと離れぎみのタレ眼で、泣いているわけではないけれど、
ちょっとウルウルとお願いごとをしているような、甘える顔つきにしている。
同じ上眼づかいでも、ネズミ（P38）や馬（P50）の
イタズラっ子のそれとはまた違うのだ。
最後に持たせる緑の笹の小物ひとつで、パンダらしい雰囲気が盛りあがる。

パンダ
材料：体長64㎜
- 紫色＝マジパン＋花＋青
- 白色＝マジパン
- 赤色＝マジパン＋赤＋黄
- 緑色＝マジパン＋黄＋青＋赤
- バタークリーム、バータ・グラッセ

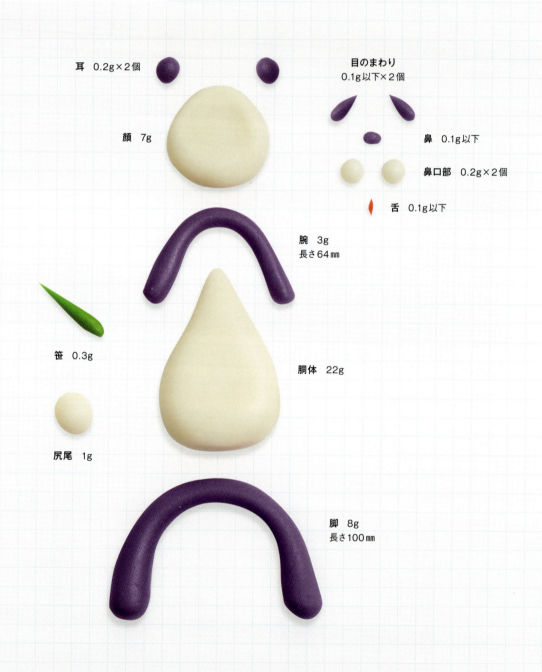

❶ 胴体：白色のマジパンで涙形をつくり、指先で少し押して形を整える。背面はほぼ平らで、腹側はなだらかにふくらんでいる形。正面から見ると、下腹のほうを少し細めにする。もっとも厚い部分は厚さ18mm。

❷ 台上に立ててバランスを整える。

❸ 脚：紫色のマジパンを両端は少し太めにして細長くのばす。

❹ 胴体下部に背面から巻きつける。

❺ 両端を胴体に向かって軽く押して足先の形をつくる。

❻ お腹と両脚が接するあたりに、お腹のたるみをイメージした筋を左右2本ずつ入れる。

❼ 足先に指のラインを左右3本ずつ入れる。指先が外側に向いているように入れる。

❽ 腕：紫色のマジパンを両端は少し太めに残して細長くのばす。

❾ 胴体の先端にのせ、胴体のラインに沿わせて巻きつける。

❿ 両端を正面でつけながら、胴体のほうに軽く押して手先の形をつくる。

⓫ 手先に指のラインを左右3本ずつ入れる。これも足先と同様に外側に向けて入れる。

⓬ 腕と胴体の先端をマジパンスティックで押してくっつけながらくぼませる。

⓭ 顔：白色のマジパンで球をつくる。

⓮ 指で軽く押してつぶし、指先で三角形ぎみにする。

⓯ さらに指で押して形を整える。

⓰ 両手の親指と人さし指で栗に近い形に整える。もっとも厚い部分の厚さは11mm。

⓱ 鼻口部：白色のマジパンで小さい球を2個つくる。顔の中央より少し下につける。

⓲ 眼：眼のくぼみをつける。マジパンスティックを頭頂から左右に斜めに押しつける。

Marzipan zoo

⑲ 紫色のマジパンで小さい涙形をつくり、指で押して平らにする。

㉖ 眉毛：眼のくぼみの上に眉毛のラインをつける。

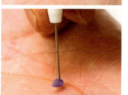
⑳ マジパンスティックでさして取りあげる。

㉗ 耳：紫色のマジパンで小さい球を2個つくり、頭頂部にのせる。マジパンスティックで頭頂部に向かって押し、耳穴をあけながら頭頂部につける。

㉑ 眼のくぼみにのせる。

㉒ マジパンスティックでなぞり、眼のくぼみの中で紫色のマジパンを薄くきれいにのばす。

㉓ ⑱と同様にマジパンスティックを頭頂から斜めに押しつけ、眼のくぼみの形を整える。

㉘ 口：口の穴を大きめにあける。

㉔ さらにきれいに整える。

㉙ 頬からアゴにかけてマジパンスティックで何度もなぞり、頬のふくらみやアゴのたるみをつける。

㉕ 鼻：紫色のマジパンで小さい球をつくり、小豆形に近い形にする。鼻口部に横長にのせる。

㉚ 指先で頬からアゴにかけての形を整える。

60

㉛ 舌：赤色のマジパンでごく小さい紡錘形をつくり、マジパンスティックでさしてそのまま口につける。

㉜ 尻尾：白色のマジパンで球をつくる。正面から見えるように確認しながら、右脚の背面側につける。

㉝ 胴体に顔をのせる。

㉞ 白色のマジパンを直径5mmに丸めて顔の後ろにのせて支えにし、マジパンスティックで後ろから押してつける。

㉟ 支えのところを指で押さえながら、眼のくぼみをマジパンスティックで押して顔を固定する。これで全体の重心やバランスを整える。

㊱ 笹：緑色のマジパンで長めの涙形をつくり、台上に置く。緑色は赤の色粉も少量入れて着色すると、落ち着いた色になる。

㊲ 指で押して平らにし、縦に筋を4本入れる。

㊳ 右手の先端につける。

㊴ 眼：バタークリームで白眼を絞り入れる。

㊵ すぐにパータ・グラッセで黒眼を入れる。

㊶ すぐにバタークリームで光彩を絞る。

Marzipan zoo 61

Cow

ウシ

動物をデフォルメする時は、動物園で実際に動く姿を見たり、
図鑑でディテールを調べたりといったリサーチが必要だが、
その動物の特徴として外してはならないポイントは押さえつつ、
そのまま忠実に表現するのではなく、どこかで止めて、
マジパン細工としてのデフォルメをすることが肝心だ。
牛はまだら模様をわかりやすく、かつリアルすぎないように入れるのが大事。
何気なく模様があるように見えて、正面から見た時の印象や全体のバランスを考えて
大きさや位置を決めるのにはけっこうなテクニックがいる。
顔も本来はまだら模様はまちまちだが、あえて左右対称に眼のまわりに入れることにより、
全体のバランスに安定感を生みだしている。

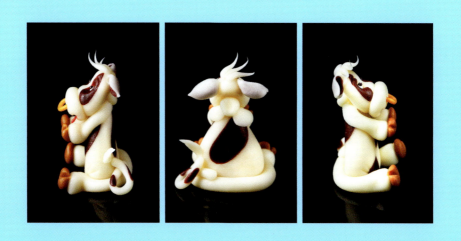

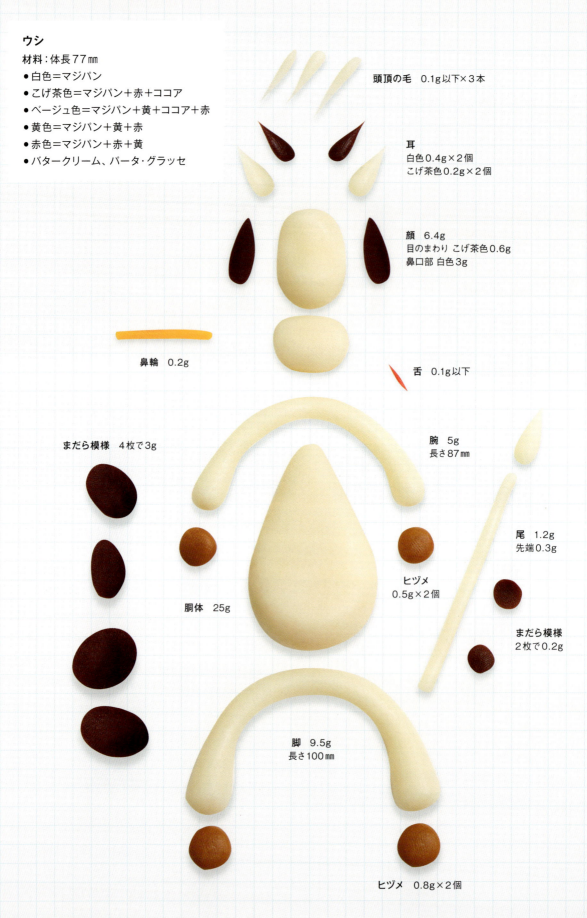

❶ 胴体：こげ茶色のマジパンで球を4個つくり、指で押して平らにする。この時に体温でマジパンを柔らかめにし、1枚ずつ平らにしてすぐに②のプロセスに進む。マジパンが硬いと2色のマジパンがなじまず表面がでこぼこになる。

❷ 白色のマジパンで球をつくる。ここに①を貼りつける。このあと涙形の胴体に成形するので、その時に正面から見てバランスよくまだら模様が入るように考えながらつける。

❸ 涙形に成形しながら、こげ茶色のまだら部分を白色のマジパンになじませる。

❹ 指で軽く押して形を整える。背面、腹部ともにほぼ平らで、正面から見た時に下腹部が少し太めでずっしりしたシェイプにする。もっとも厚い部分の厚さは18mm。

❺ 台上に立ててバランスを整える。

❻ 脚：白色のマジパンを両端は少し太めにして細長くのばす。

❼ 胴体下部に背面から巻きつけ、両端を胴体に向かって軽く押して足先をつくる。

❽ お腹と両脚が接するあたりに、お腹のたるみをイメージした筋を左右2本ずつ入れる。

❾ 腕：白色のマジパンを両端は少し太めに残して細長くのばす。

❿ 胴体の先端にのせる。胴体のラインに沿わせて巻きつけ、両端を正面でつけながら、胴体のほうに軽く押して手先の形をつくる。

⓫ 腕と胴体の先端をマジパンスティックで押してくっつけながらくぼませる。

⓬ 尻尾：白色のマジパンを細長くのばす。

⓭ こげ茶色のマジパンで小さい球を2個つくってのせる。

⓮ 台上で転がしてまだら模様のこげ茶色のマジパンをなじませる。

⓯ 左脚の背面側につけ、先端が上向きになるようにする。

⓰ 手と足のヒヅメ：ベージュ色のマジパンで小さい球をつくる。手と足のヒヅメは各2個ずつで、手のほうが少し小さいサイズ。指先で軽く押してつぶし、深めにヒヅメのV字の筋を入れる。

Marzipan zoo 65

⓱ 手先、足先にそれぞれつける。

㉔ 白色のマジパンで球をつくる。これが鼻口部になる。

⓲ 各ヒヅメの筋をさらに深く入れる。

㉕ 顔の太いほうの先端につけ、指先で軽く押しつぶす。

⓳ 尻尾：白色のマジパンで小さい涙形をつくる。指先で押して平らにし、縦に4本筋を入れる。

㉖ ㉓と同様にしてさらに顔の上部をのばして細長くする。

⓴ 尻尾の先端につける。

㉗ 鼻口部の形を整える。

㉘ 鼻口部の接点部分をマジパンスティックで押して顔のくぼみのラインをつける。

㉙ 眼：眼のくぼみを縦長につける。

㉚ 口：直径32mmのぬき型の上部（手で持つ側）を差し込んで上下させ、口をつくる。

㉑ 顔：白色のマジパンで球をつくる。こげ茶色のマジパンで小さい球を2個つくって楕円形にし、白色のマジパンに左右対称に貼りつける。①と同様に体温でこげ茶色のマジパンを柔らかくしてつけるのがポイント。

㉛ 鼻：鼻穴をあける。

㉒ 球状に形を整えながら、こげ茶色のまだら模様を白色のマジパンになじませる。

㉓ 左の手のひらに置き、まだら模様のところに右手の小指の側面をあてて軽く転がし、まだら模様の部分を縦長に少しのばす。

㉜ 口：口の両端に口角のラインをつける。

㉝ 眉毛：眼のくぼみの上に眉毛のラインをつける。

㊵ 頭頂部に3本つける。

㊶ 鼻輪：黄色のマジパンを細長くのばす。

㊷ 鼻の穴の両側に差し入れる。鼻輪の色は全体が明るくなるアクセントにもなる。

㊸ 胴体に顔をのせる。

㉞ 耳：白色のマジパンで小さい涙形をつくる。指で軽くつぶして平らにする。

㉟ こげ茶色のマジパンでも小さい涙形をつくり、指で軽くつぶして平らにする。白色のマジパンの上にのせ、マジパンスティックの先端を涙形の先端に合わせて上から押しつけて耳穴をくぼませる。

㊱ マジパンスティックの先端を押しつけて取りあげる。

㊹ 白色のマジパンを直径5mmに丸めて顔の後ろにのせて支えにし、マジパンスティックで後ろから押してつける。さらに支えのところを指で押さえながら、眼のくぼみをマジパンスティックで押して顔を固定してバランスを整える。

㊲ そのまま頭頂部につける。

㊺ 眼：バタークリームで白眼を絞り入れる。

㊳ 頭頂の毛：白色のマジパンで長めの涙形をつくる。

㊻ すぐにパータ・グラッセで黒眼を入れる。

㊼ すぐにバタークリームで光彩を絞る。

㊴ 指先で先端を曲げて毛先の表情をつける。

㊽ 舌：赤色のマジパンでごく小さい紡錘形をつくる。マジパンスティックで片端をさしてそのまま口の中につける。口の左端のほうから長めにでるようにする。

Marzipan zoo 67

Tiger

タイガー

トラは黄色の体色と、シマ模様が一番の特徴。
黄色は黄色でも、原色の真っ黄色は使わない。
着色の時に赤色も少量加え、少しオレンジがかった黄色をつくる。
これがマジパン細工に必要な「おいしそうな色」だ。
シマ模様は手先を使う細かい作業だが、ていねいに。
そのかわり全体のデフォルメがやりすぎにならないよう、
肉球はライオン（P32）に比べてシンプルだ。
3体のトラはすべて僕がつくったものだが、表情はどれも微妙に違いがある。
世界にひとつとしてまったく同じものは生まれない。
だからこそマジパン細工には職人技の手仕事のおもしろさが詰まっている。

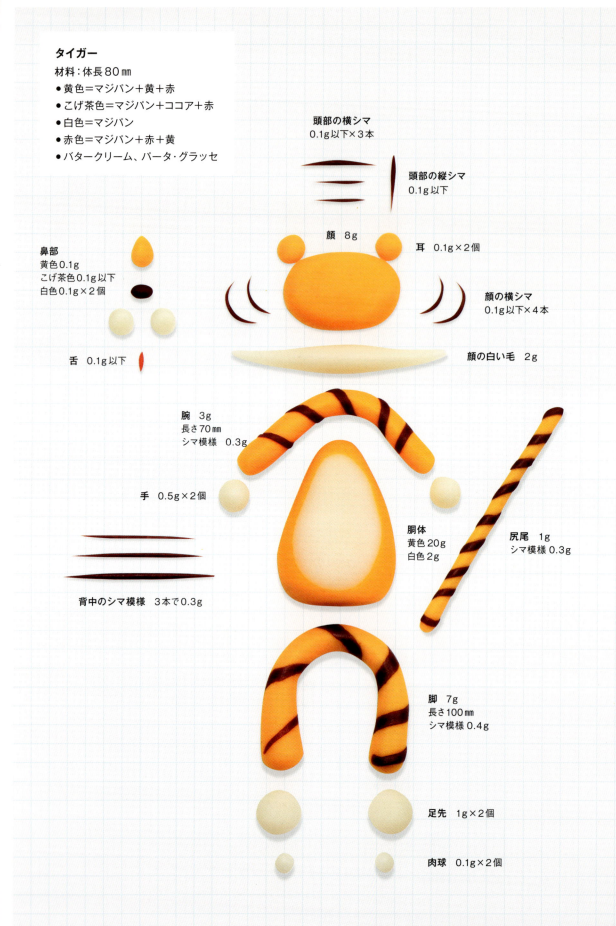

❶ 胴体：黄色のマジパンで涙形をつくる。白色のマジパンでも涙形をつくり、指で押して少し平らにする。黄色のマジパンの上に白色のマジパンをのせる。これら2色のマジパンはあらかじめ同じ硬さにもみ込んでおくことが大切。

❷ 指で押して2色のマジパンをなじませる。

❸ 白色のマジパン側を下にして台上で軽く転がしてなじませる。

❹ 指先で形を整えて台上に置く。腹側が白色になる。腹側、背側ともにほぼ平らな形。もっとも厚い部分は厚さ20mm。

❺ こげ茶色のマジパンを細長くのばす。体温でマジパンを柔らかめにし、❻以降のプロセスで黄色のマジパンになじみやすいようにする。

❻ 背中側にのせる。側面の途中までくるよう長さを整える。

❼ シマ模様を計3本のせる。

❽ 背側を下にして、台上で軽く転がす。

❾ きれいにシマ模様をなじませる。

❿ 脚：黄色のマジパンを両端は少し太めにして細長くのばす。

⓫ こげ茶色のマジパンを細長くのばし、さらに木板を使って転がしてきれいにのばす。

⓬ 黄色のマジパンにこげ茶色のマジパンを斜めに巻きつける。

⓭ 台上で転がしてなじませる。

⓮ 白色のマジパンで小さい球を2個つくる。

⓯ 脚の両端につけ、指で押して少し平らにする。

⓰ 胴体下部に背面から巻きつける。

⓱ 足先に指のラインを左右3本ずつ入れる。指先が外側に向いているように入れる。

⓲ お腹と両脚が接するあたりに、お腹のたるみをイメージした筋を左右2本ずつ入れる。

⓭ 足の肉球:白色のマジパンで小さい球を2個つくり、軽く押しつぶす。足先につける。

⓮ 腕:脚と同様にして、両端を少し太くしてのばした黄色のマジパンにこげ茶色のマジパンでシマ模様をつける。白いマジパンで小さい球をつくって両端につけ、少し平らにする。

㉑ 胴体の先端にのせ、胴体のラインに沿わせて巻きつけて両端を正面でつける。

㉒ 手先に指のラインを左右3本ずつ入れる。

㉓ 腕と胴体の先端をマジパンスティックで押してくっつけながらくぼませる。

㉔ 顔:黄色のマジパンを球状にしてから、両手のひらの間で転がして俵形にする。

㉕ 台上で指で押して楕円形にする。

㉖ 白色のマジパンを台上で転がして細長くのばし、両端は細くする。手のひらの中央のくぼみと、親指と小指のつけ根のふくらんだ部分をうまく生かして転がすと、両端をきれいに細くしながらのばすことができる。

㉗ 顔の側面に、下部(アゴになる)から巻きつける。

㉘ 等間隔に筋を10本入れる。

㉙ 頭部のシマ模様:こげ茶色のマジパで小さい紡錘形をつくる。

㉚ 頭頂部に縦につける。

㉛ 同様にしてこげ茶色のマジパンで小さい紡錘形をつくり、頭頂部に横につける。

㉜ 横シマをあと2本つくってつける。頭頂部は一番長く、順に少しずつ短くする。

㉝ 顔のシマ模様:こげ茶色のマジパンで小さい紡錘形をつくり、片端を指先で曲げる。

㉞ 顔の左側の真ん中あたりにつけ、マジパンスティックでカーブをきれいに整える。

㉟ 同様にして上にもう1本シマ模様をつける。1本めよりも少し短くする。

㊱ 顔の右側も同様に2本のシマ模様をつける。

㊲ 耳：黄色のマジパンで小さい球を2個つくる。マジパンスティックの先端で押してくぼみをつける。そのまま頭頂部にのせ、押しつけてくっつける。

㊹ 舌：赤色のマジパンでごく小さい紡錘形をつくる。マジパンスティックで片端をさしてそのまま口の中につける。

㊳ 鼻：黄色のマジパンで丸みを帯びた涙形をつくる。顔の中央につける。

㊺ 尻尾：こげ茶色のマジパンを細長くのばし、さらに板で転がしてまっすぐにする。

㊴ 白色のマジパンで小さい球を2個つくる。黄色の鼻の下につける。

㊻ 黄色のマジパンを粉糖を足して練ってコシをつけてから、細長くのばす。コシをつけないと細い尻尾がピンと立った形状をキープできない。

㊵ こげ茶色のマジパンで小さい小豆形をつくり、上に横向きにつける。

㊼ 黄色のマジパンにこげ茶色のマジパンを斜めに巻きつけてから、台上で転がしてなじませる。

㊶ 口：口の穴をあける。

㊽ 脚の背面側につけ、胴体の左側面に沿わせて丸める。正面から尻尾の見え方のバランスを調整する。

㊷ 眼：眼のくぼみを縦長につける。

㊾ 胴体に顔をのせる。

㊸ 眉毛：眼のくぼみの上に眉毛のラインをつける。顔のシマ模様を傷つけないように注意しながら。

㊿ オレンジ色のマジパンを直径5mmに丸めて顔の後ろにのせて支えにし、マジパンスティックで後ろから押してつける。さらに支えのところを指で押さえながら、眼のくぼみをマジパンスティックで押して顔を固定する。

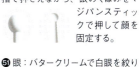

51 眼：バタークリームで白眼を絞り入れる。

52 すぐにパータ・グラッセで黒眼を入れる。このタイガーは光彩を入れていないが、バタークリームで光彩を入れてもいい。

Marzipan zoo 73

Squirrel

リス

色は２色で、シェイプもシンプル。
だが簡単そうに見えて、実はけっこうむずかしいのがこのリスだ。
木の実をいくらでもしまいこめそうな頬袋のふっくらとした感じを、
赤茶色と白色のマジパンでつくった顔を
指で何度も少しずつ押して形づくり、
さらにマジパンスティックを細かくあやつって再現している。
僕のイメージでは、リスは森の小動物で何匹も一緒につくる場合が多い。
１匹ごとに大きさを少しずつ変えたり、
赤茶色をいろいろな茶色のバリエーションでつくったり、眼入れの表情を変えたりすると、
森の中のにぎやかなシーンが生まれるだろう。

リス

材料：体長61㎜
- 赤茶色＝マジパン＋ココア＋赤＋黄
- 白色＝マジパン
- バタークリーム、パータ・グラッセ

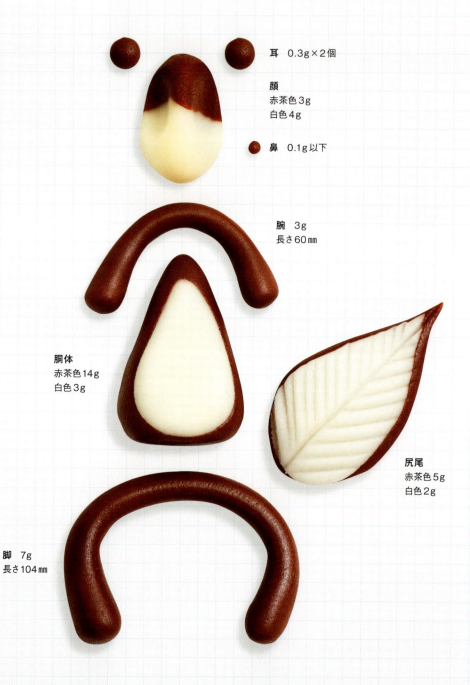

耳　0.3g×2個

顔
赤茶色3g
白色4g

鼻　0.1g以下

腕　3g
長さ60㎜

胴体
赤茶色14g
白色3g

尻尾
赤茶色5g
白色2g

脚　7g
長さ104㎜

❶ 胴体：赤茶色のマジパンで涙形をつくる。白色のマジパンでも涙形をつくり、赤茶色のマジパンの上にのせる。

❷ 指で軽く押して平らにする。

❸ 両手のひらの間で転がし、2色のマジパンをなじませながら涙形に整える。

❹ 2色がなじんで表面が平らになる。こうするためにはもとの2色の生地を同じ硬さにもみ込んでおくことが大切。

❺ 先端のほうを細く整える。

❻ 台上に立てる。このリスは腹側はほぼ平らで、背側は下部のほうがふっくらとふくらんだシェイプ。もっとも厚い部分の厚さは19mm。

❼ 脚：赤茶色のマジパンを両端は少し太めにして細長くのばす。

❽ 胴体下部に背面から巻きつける。

❾ 両端を胴体に向かって軽く押して足先をつくる。足先は上向きにする。

❿ 足先に指のラインを外向きに左右3本ずつ入れる。

⓫ お腹と両脚が接するあたりに、お腹のたるみをイメージした筋を左右2本ずつ入れる。

⓬ 腕：赤茶色のマジパンを両端は少し太めに残して細長くのばす。

⓭ 胴体の先端にのせ、胴体のラインに沿わせて巻きつける。

⓮ 両端を正面でつけながら、胴体のほうに軽く押して手先の形を上向きにつくる。

⓯ 手先に指のラインを左右3本ずつ入れる。これも足先と同様に外側に向けて入れる。

⓰ 腕と胴体の先端をマジパンスティックで押してくっつけながらくぼませる。

⓱ 顔：赤茶色と白色のマジパンでそれぞれ球をつくる。2つをつけて指で押して少し平らにする。

⓲ そのまま両手のひらの間で転がして球状にする。赤茶色のほうが顔の上部になる。

Marzipan zoo 77

⑲ 赤茶色の部分から白色のマジパンの上⅓くらいまでを、人さし指と親指で縦長にくぼむように押す。

㉘ マジパンスティックで口の両側に口角のラインをつける。

⑳ 少しずつ何度か押してこのような形状に。

㉙ 口の下をマジパンスティックで軽く何度かなぞってアゴのたるみをつける。

㉑ 顔の下部から見るとこういうライン。顔下部はふっくらとした感じで、鼻筋はすっと通っている。もっとも厚い部分の厚さは20㎜。

㉚ 指先でアゴから頬袋のラインをつける。

㉒ 耳：赤茶色のマジパンで小さい球を2個つくる。頭頂部につける。

㉛ さらにマジパンスティックでなぞって表情を整える。

㉓ マジパンスティックで頭頂部に向かって押してつけながら、耳穴をあける。

㉜ マジパンスティックと指先で少しずつバランスをみながら形を整える。

㉔ 鼻筋の両側に眼のくぼみをつける。マジパンスティックの角度を利用して自然なくぼみにする。

㉝ 胴体に顔をのせる。

㉕ さらに眼のくぼみをしっかりとあける。

㉖ 鼻：赤茶色のマジパンで小さい球をつくる。鼻筋のところにつける。

㉗ 口：マジパンスティックを上めの角度から差し込んで口をあけ、さらにスティックの柄を上下に動かして口を広げる。

㉞ 赤茶色のマジパンを直径5mmに丸めて顔の後ろにのせて支えにし、マジパンスティックで後ろから押してつける。さらに支えのところを指で押さえながら、眼のくぼみをマジパンスティックで押して顔を固定する。

㉟ 尻尾：赤茶色のマジパンで涙形をつくる。

㊱ 台上に置き、手のひらで押して平らにする。

㊲ 白色のマジパンで涙形をつくり、手のひらで軽く押しつぶす。

㊳ 赤茶色のマジパンの上に白色のマジパンをのせる。指先で押して2色のマジパンをなじませる。もっとも厚い部分の厚さは5mm。

㊴ 白色のマジパンに縦に筋を1本入れる。

㊵ 両側に10本くらいずつ筋を入れる。

㊶ 先端が細くなるように指先で形を整える。

㊷ 左側から見えるように、脚の背面部につける。

㊸ 眼：バタークリームで白眼を絞り入れる。リスの場合はなるべく両眼をくっつけて入れる。

㊹ すぐにパータ・グラッセで黒眼を入れる。

㊺ すぐにバタークリームで光彩を絞る。

Marzipan zoo 79

Red Fox

キタキツネ

誰が見ても一目でキツネとわかる。
でもそれは実際のキツネをリアルに再現してるからではなく、かなりデフォルメしているから。
顔、耳、尻尾の形がどれも三角形を感じさせ、
尻尾はフサフサで体と同じくらいの存在感。
キツネの特徴を思い切って、わかりやすく単純化しているのだ。
キタキツネはマジパン細工の中でも僕のベスト・フェイバリット。
なぜかというと、このおいしそうな色だ。
オレンジ色に茶色を入れて少しにごらせて、キャラメルのようなオレンジか茶色かわからない色、
でもとてもおいしそうな色に着色している。
だから、つくっていても気分が明るくなるし、とても楽しい。

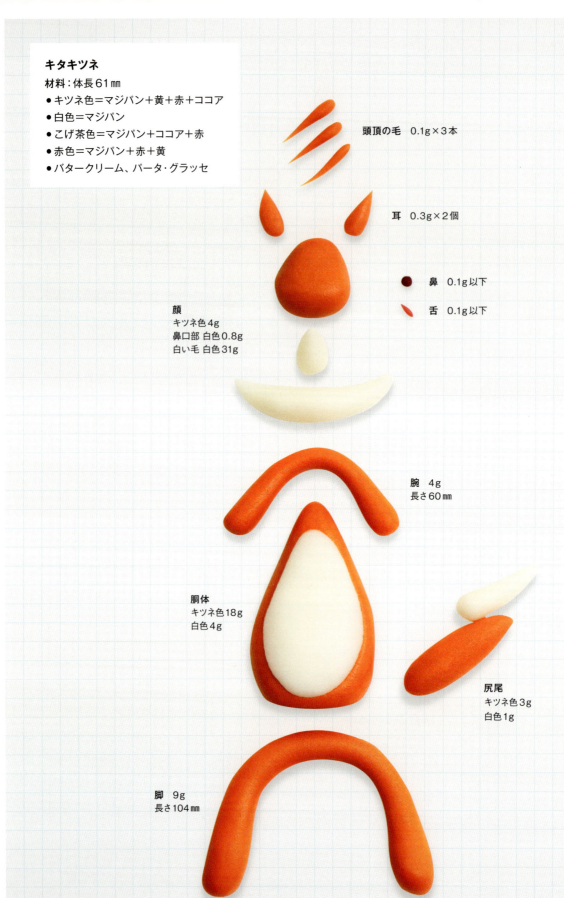

❶ 胴体：キツネ色のマジパンで涙形をつくる。

❷ 白色のマジパンでも涙形をつくり、指で軽くつぶす。

❸ キツネ色のマジパンの上に白色のマジパンをのせる。

❹ 指先で押して2色のマジパンをなじませる。

❺ 白色のマジパン側を下にして台上で転がし、さらにきれいになじませる。

❻ 先端のほうを細くして形を整える。

❼ 台上に立ててバランスを整える。キタキツネは腹側はほぼ平らで、背側は下部のほうがなだらかに厚みがあるシェイプ。もっとも厚い部分は厚さ18mm。

❽ 脚：キツネ色のマジパンを両端は少し太めにして細長くのばす。

❾ 胴体下部に背面から巻きつける。

❿ 両端を胴体に向かって軽く押し、足先が上向きになるようにする。

⓫ お腹と両脚が接するあたりに、お腹のたるみをイメージした筋を左右2本ずつ入れる。

⓬ 足先に指のラインを左右3本ずつ入れる。指先が外側に向くように入れる。

⓭ 腕：キツネ色のマジパンを両端は少し太めに残して細長くのばす。

⓮ 胴体の先端にのせ、胴体のラインに沿わせて巻きつける。

⓯ 両端を正面でつけながら、胴体のほうに軽く押して手先の形をつくる。

⓰ 手先に指のラインを左右3本ずつ入れる。これも足先と同様に外側に向けて入れる。

⓱ 腕と胴体の先端をマジパンスティックで押してくっつけながらくぼませる。

⓲ 顔：キツネ色のマジパンで球をつくる。指先で軽く押しつぶし、さらに両手の人さし指と親指で押して三角形に近い形にしていく。頂点のほうが頭頂になる。

Marzipan zoo 83

⑲ マジパンスティックで真ん中あたりを押してへこませる。

㉘ 縦に筋を1本入れる。

⑳ さらに小指先端の側面で押してへこませる。

㉙ 口：白色のマジパンの下のほうにマジパンスティックを差し込んで上下させて口をつくる。

㉑ 両手の人さし指と親指で形を整える。下部は直線ではなく、なだらかなラインを描くように。

㉚ マジパンスティックで口の下を何度かなぞってアゴのたるみをつける。

㉒ 白色のマジパンを両手のひらの間で転がし、両端を細くしながらのばす。

㉛ 眼：眼のくぼみを縦長につける。

㉓ 手のひらの中央のくぼみと、親指と小指のつけ根のふっくらした部分を生かして転がすと、このなだらかなラインで両端が細くなる。

㉜ 眉毛：眼のくぼみの上に眉毛のラインをつける。

㉔ 顔の下部に巻きつける。指先でなぞって2色のマジパンをきれいになじませる。

㉝ 鼻：こげ茶色のマジパンで小さい球をつくる。白色のマジパンの先端につける。

㉕ キツネ色のマジパンのほうを人さし指の先端で押して平らにする。

㉞ 白い毛の両端の形を鋭角に整え、左右に4本ずつ毛並みの筋を入れる。

㉖ 両手の人さし指と親指で形を整える。白色のマジパンの両端部分を少しずつつまみだし、先端を鋭角にする。顔のもっとも厚い部分は厚さ12mm。

㉟ 耳：キツネ色のマジパンで小さい涙形を2個つくる。

㉗ 白色のマジパンで小さい涙形をつくる。顔の中央に縦向きにつける。

㊱ 台上に置き、涙形とマジパンスティックの先端を合わせて押して耳穴をつくる。

㊲ マジパンスティックを耳穴に押しつけて取りあげ、そのまま頭頂につける。マジパンスティックで押し込みながらくっつけ、同時に耳穴も大きくする。

㊳ 頭頂の毛：キツネ色のマジパンで長めの涙形を3本つくる。

㊴ 指先で先端を軽く曲げる。

㊵ 頭頂部につけ、毛先の表情を整える。

㊶ 舌：赤色のマジパンでごく小さい紡錘形をつくる。マジパンスティックで片端をさしてそのまま口の左端に押し込んでつける。

㊷ 胴体に顔をのせる。

㊸ キツネ色のマジパンを直径5mmに丸めて顔の後ろにのせて支えにし、マジパンスティックで後ろから押してつける。

㊹ 支えのところを指で押さえながら、眼のくぼみをマジパンスティックで押して顔を固定する。これで全体の重心やバランスを整える。

㊺ 尻尾：キツネ色のマジパンと白色のマジパンをどちらも涙形にする。2つを合わせて1、2回ねじってから長めの涙形にする。

㊻ 台上に置き、手のひらで押して平らにする。毛並みの筋を9本ほど入れる。

㊼ 脚の背面左側の上につける。正面から見てバランスを整える。

㊽ セルクルをあててしばらく置いて尻尾を固定する。

㊾ 眼：バタークリームで白眼を絞り入れる。

㊿ すぐにパータ・グラッセで黒眼を入れる。

51 すぐにバタークリームで光彩を絞る。

Marzipan zoo

Red Panda

レッサーパンダ

新しいマジパン細工をつくろうと思ったときに、一番に思いついたのがレッサーパンダ。
メジャーな動物ではないが、マジパン向きのキャラクターで、
まず顔やお腹がこげ茶色の配色は動物のなかでめずらしいし、
尻尾も太いシマシマ模様の愛らしいフォルムで、
ある意味リアルに表現してもキャラが立つ。
おいしそうな茶色の同系色を重ねているのは、色のデフォルメの妙だ。
顔は濃キツネ色に白色、こげ茶色と3色を重ねて一体化させ、
その上には立体の大きめの鼻。
平面、平面、平面と重ねて、そこに立体を重ねることができる造形は、
マジパンならではのおもしろさだ。

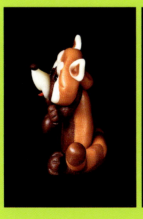  

レッサーパンダ

材料：体長68㎜

- 濃キツネ色＝マジパン＋黄＋赤＋ココア（顔、胴体背面、尻尾）
- こげ茶色＝マジパン＋黄＋赤＋ココア（顔、鼻、腕、胴体腹面、脚）
- 茶色＝濃キツネ色のマジパン＋こげ茶色のマジパン（耳、尻尾先端・シマ模様）
- 白＝マジパン
- 赤色＝マジパン＋赤＋黄
- バタークリーム、パータ・グラッセ

目の上の毛　0.1g×2個

鼻　0.1g

鼻口部　1g

舌　0.1g以下

耳
白色0.5g×2個
茶色0.1g×2個

顔
濃キツネ色8g
こげ茶色0.8g
白色1.8g

腕　3g
長さ65㎜

胴体
濃キツネ色16g
こげ茶色6g

脚　9g
長さ97㎜

尻尾
濃キツネ色5g
シマ模様4本で1.5g
先端0.5g

❶ 胴体：濃キツネ色のマジパンで涙形をつくり、少し平らにする。こげ茶色のマジパンも涙形にし、少し平らにする。濃キツネ色のマジパンの上にこげ茶色のマジパンをのせる。

❷ こげ茶色のほうを下にして台上で転がして2色のマジパンをなじませ、こげ茶色のマジパンが胴体側面までくるようにする。指先で形を整える。

❸ 台上に立ててバランスを整える。もっとも厚い部分の厚さは19mm。

❹ 脚：こげ茶色のマジパンを両端は少し太めにして細長くのばす。

❺ 胴体下部に背面から巻きつけ、両端を胴体に向かって軽く押して足先を上向きにする。

❻ お腹と両脚が接するあたりに、お腹のたるみをイメージした筋を左右2本ずつ入れる。

❼ 足先に指のラインを外向きに左右3本ずつ入れる。

❽ 腕：こげ茶色のマジパンを両端は少し太めに残して細長くのばす。

❾ 胴体の先端にのせ、胴体のラインに沿わせて巻きつける。

❿ 両端を正面でつけながら、胴体のほうに軽く押して手先の形をつくる。

⓫ 腕と胴体の先端をマジパンスティックで押してくっつけながらくぼませる。

⓬ 手先に指のラインを左右3本ずつ入れる。これも足先と同様に外側に向けて入れる。

⓭ 顔：濃キツネ色のマジパンで球をつくり、つぶして三角を帯びた形にする。頂点が頭頂部になる。白色のマジパンで楕円形をつくって軽くつぶし、濃キツネ色のマジパンの上に横長にのせる。

⓮ 指で軽く押して白色のマジパンを平らにしながら2色のマジパンをなじませる。

⓯ 頭頂部を指先でさらに細くしながら、白いマジパン部分も頭頂部のほうはなだらかに三角のラインになるようにする。

⓰ 両手の人さし指と親指で押して三角の形を整える。栗のような形になる。もっとも厚い部分の厚さは10mm。

Marzipan zoo 89

⓱ こげ茶色のマジパンで球をつくってから台上でつぶし、ほぼ円形に近い楕円形にする。

⓲ 顔の白い部分の中央につける。

⓳ 指先で軽くなぞってなじませる。

⓴ 眉毛：白色のマジパンで小さい米粒形を2個つくる。濃キツネ色と白色の境界線あたりに両サイドが上がるようにつける。

㉑ マジパンスティックで軽くなぞって薄く筋をつける。

㉒ 耳：白色のマジパンで太めの涙形をつくり、指先で押して平らにする。茶色のマジパンで楕円形をつくって平らにする。白色のマジパンの上に茶色のマジパンをのせる。

㉓ 人さし指の上で、茶色のほうを下にして軽く転がして2色のマジパンをなじませ、涙形に整える。

㉔ マジパンスティックで押しつけて取りあげる。

㉕ そのまま頭頂部にのせ、頭頂のほうに押しつけながら耳穴をくぼませる。

㉖ 指先で耳の先端をとがらせる。

㉗ 鼻口部：白色のマジパンで涙形をつくる。縦に筋を1本入れる。

㉘ こげ茶色のマジパンの下のほうにのせる。先端は顔につかず、立っているようにする。

㉙ 口：鼻口部の下のほうにマジパンスティックを上めの角度から差し込み、柄を下のほうに動かして口をあける。

㉚ 鼻：こげ茶色のマジパンで小さい球をつくる。鼻口部の先端部につける。

㉛ ヒゲ：顔の両側にヒゲのラインを上向きに3本ずつ入れる。

㉜ 眼：こげ茶色と白色の境界線に眼のくぼみをつける。

㉝ 尻尾:茶色のマジパンを細長くのばし、さらに板を使って転がしてきれいに細くのばす。

㉞ 濃キツネ色のマジパンに粉糖を加えて練ってコシをつけてから、紡錘形にする。茶色のマジパンを巻きつけ、余分はペティナイフでカットしてくっつける。等間隔に4本巻きつける。

㉟ 茶色のマジパンで小さい球をつくり、太いほうの先端につける。

㊱ 台上で転がしてシマ模様と先端をなじませながらのばす。

㊲ 左脚の背面側につけ、正面から見て見え方を調整する。セルクルをあててしばらくおいて固定する。㉞で粉糖を加えてマジパンにコシをつけておかないと、尻尾がピンと立たなくなる。

㊳ 胴体に顔をのせる。

㊴ 濃キツネ色のマジパンを直径5mmに丸めて顔の後ろにのせて支えにし、マジパンスティックで後ろから押してつける。

㊵ 支えのところを指で押さえながら、眼のくぼみをマジパンスティックで押して顔を固定する。これで全体の重心やバランスを整える。

㊶ 舌:赤色のマジパンでごく小さい紡錘形をつくる。マジパンスティックで片端をさしてそのまま口の左端につける。

㊷ 眼:バタークリームで白眼を絞り入れる。

㊸ すぐにパータ・グラッセで黒眼を入れる。

㊹ すぐにバタークリームで光彩を絞る。

Marzipan zoo 91

St.Bernard

セントバーナード

ここから犬種の違う犬を3匹紹介する。
手脚の長さ、体の形、顔の大きさ、色合い…etc.
一目見ただけでその犬の特徴や性格、
性別までわかるようにつくることが
マジパン細工ではとても大切だ。
セントバーナードはどしっとしたイメージ。
顔はずんぐりと大きめ、手足の先も少し大きめ。
鼻っ面も太めで短い。
犬の特徴のひとつは鼻筋の通り方なので、
正面から見るだけでなく、側面からも見てバランスを整えよう。

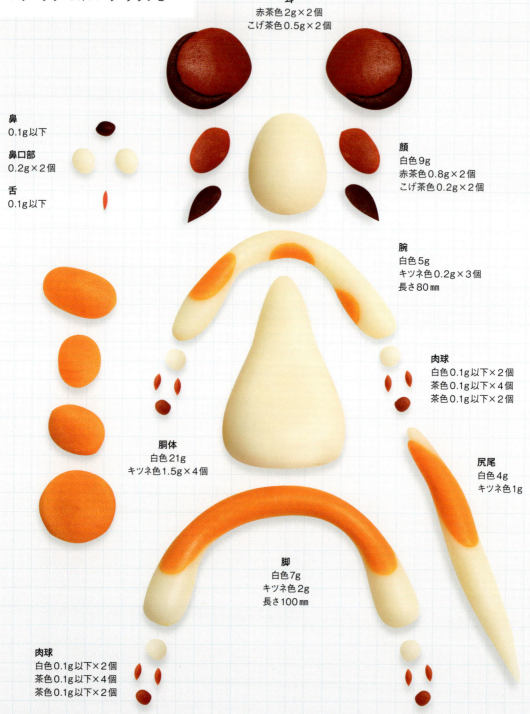

セントバーナード
材料：体長63㎜
- 白色＝マジパン
- キツネ色＝マジパン＋黄＋赤＋ココア
- 赤茶色＝マジパン＋ココア＋赤
- こげ茶色＝マジパン＋ココア＋赤
- 茶色＝マジパン＋黄＋ココア＋赤
- 赤色＝マジパン＋赤＋黄
- バタークリーム、バータ・グラッセ

耳
赤茶色2g×2個
こげ茶色0.5g×2個

鼻
0.1g以下

鼻口部
0.2g×2個

舌
0.1g以下

顔
白色9g
赤茶色0.8g×2個
こげ茶色0.2g×2個

腕
白色5g
キツネ色0.2g×3個
長さ80㎜

肉球
白色0.1g以下×2個
茶色0.1g以下×4個
茶色0.1g以下×2個

胴体
白色21g
キツネ色1.5g×4個

尻尾
白色4g
キツネ色1g

脚
白色7g
キツネ色2g
長さ100㎜

肉球
白色0.1g以下×2個
茶色0.1g以下×4個
茶色0.1g以下×2個

❶ 胴体：白色のマジパンで涙形をつくる。キツネ色のマジパンで球をつくって平らにし、白色のマジパンの片面から側面にかけて貼りつける。キツネ色のマジパンは体温で柔らかくし、すぐに貼りつけてなじませないと表面がでこぼこになる。

❷ 裏返して台上で転がして2色のマジパンをなじませる。まだら模様がある側が背になる。

❸ 台上に立ててバランスを整える。もっとも厚い部分の厚さは22㎜。

❹ 脚：白色のマジパンをある程度細長くのばす。

❺ キツネ色のマジパンを細長くして平らにし、白いマジパンにのせる。

❻ 台上で転がして2色のマジパンをなじませながら、両端は少し太めにして細長くのばす。

❼ 胴体下部に背面から巻きつける。

❽ 両端を胴体に向かって軽く押して、足先を上向きにする。

❾ 足先に指のラインを左右3本ずつ入れる。指先が外側に向いているように入れる。

❿ 白色のマジパンで小さい球を2個つくり、指で押して平らにする。指先のラインの上につける。これは指球。

⓫ 腕：白色のマジパンをある程度細長くのばす。キツネ色のマジパンで小さい球を3個つくり、白いマジパンに貼りつける。

⓬ 台上で転がして2色のマジパンをなじませながら、両端を少し太めに残して細長くのばす。

⓭ 胴体の先端にのせ、胴体のラインに沿わせて巻きつける。両端を正面でつけながら、胴体のほうに軽く押して手先の形をつくる。

⓮ 手先に指のラインを左右3本ずつ入れる。指先が外側に向いているように入れる。

⓯ 白色のマジパンで小さい球を2個つくり、指で押して平らにする。指先のラインの上につける。これは手の指球。

⓰ 指球の中心に外向きに筋を1本入れる。

Marzipan zoo 95

❶❼ 足の指球にも外向きに筋を1本入れる。

❶❽ 茶色のマジパンでごく小さい球を2個つくる。指先でつぶして平らにし、手の指球の下につける。さらに茶色のマジパンでゴマ状の形を2個つくり、指球の筋の両側につける。

❶❾ 足の肉球も手と同様にしてつける。まず茶色のマジパンでごく小さい球を2個つくる。指先でつぶして平らにし、足の指球の下につける。

❷⓪ さらに茶色のマジパンでゴマ状の形を2個つくり、指球の筋の両側につける。

❷❶ 尻尾:白色のマジパンで涙形をつくる。オレンジ色のマジパンを丸めてつぶし、白色のマジパンの先端に巻く。転がして2色のマジパンをなじませながらのばす。下面は平らで、上面は丸みがあり、根元側のほうに厚みをだす。

❷❷ 右側半分に斜めに細かく筋を入れる。

❷❸ 反対側も同様に細かく筋を入れる。

❷❹ 根元側を脚の背面側につけ、左脚に沿わせる。正面から見て形を整える。

❷❺ 顔:白色のマジパンで球をつくり、指で両側を押して大きくくぼませる。

❷❻ このような形に。くぼませた部分が眼になり、鼻筋は立っている。

❷❼ 赤茶色のマジパンを球状にしてつぶし、楕円形にする。両眼のくぼみにのせる。

❷❽ 両手の親指で押してつける。

❷❾ 眼:鼻筋に沿って眼のくぼみをやや縦長につける。

❸⓪ こげ茶色のマジパンで涙形をつくり、指先で押して平らにする。先端を下にして眼のくぼみにのせてつける。先端が赤茶色の模様から少し下にでる位置にのせる。

❸❶ マジパンスティックで鼻面の上あたりを押してでこぼこをつける。これで額と鼻口部のフォルムが明確になる。

❸❷ 口:マジパンスティックの半円形の先端部を逆にし、鼻口部の下に差し込んで上下させて口をあける。

❸❸ 指先でアゴを少しへこませる。

❸❹ 口の上に筋を入れる。マジパンスティックの刃側を上向きにし、先端を口の上に合わせ、上に向かって鼻面まで筋をつける。

㉟ 鼻：白色のマジパンで小さい球を2個つくる。鼻口部につけて少し平らにする。

㊸ 胴体に顔をのせる。白色のマジパンを直径5mmに丸めて顔の後ろにのせて支えにし、マジパンスティックで後ろから押してつける。耳を頭頂部の左右につける。

㊱ こげ茶色のマジパンで小さい球をつくり、少しだけ俵形にする。白色のマジパンの上に横向きにつける。

㊹ 眼：バタークリームで白眼を絞り入れる。

㊲ 眼：眼のくぼみをもう一度整える。

㊺ すぐにパータ・グラッセで黒眼を入れる。

㊳ 舌：赤色のマジパンでごく小さい紡錘形をつくる。マジパンスティックで片端をさしてそのまま口の中央につける。

㊻ すぐにバタークリームで光彩を絞る。

㊴ アゴのラインを整える。

㊼ 鼻口部に細かく穴をあける。

㊵ 頬のあたりを両手の指で押して形を整える。

㊶ 耳：赤茶色のマジパンで涙形を2個つくり、台上で押して少し平らにし、三角を帯びた形にする。こげ茶色のマジパンを細長くして押して平らにし、赤茶色のマジパンの縁にそれぞれつける。

㊷ 指先で押して2色のマジパンをなじませ、筋模様を入れる。

Marzipan zoo　97

Miniature Dachshund

ミニチュアダックスフント

ミニチュアダックスフントは僕の中では寝そべっている印象があったので、こんな姿に。
マジパン細工ではめずらしいフォルムだ。
体全体をおおうフサフサの柔らかい毛は、マジパンに細かい筋を入れて表現。
ただし全部が全部にラインを入れると
マジパン細工としてはやりすぎになるので、
大きな耳と尻尾、首まわりの毛のみにとどめている。
キャラとしては女のコだが、最後の眼のキラキラした光彩を入れたら、
さらに女のコ的なエモーショナルな表情が増した。
光彩を入れるときは、女のコっぽくなれよ、イタズラっ子ぽくなれよ、と
思いを込めながら入れるのだ。

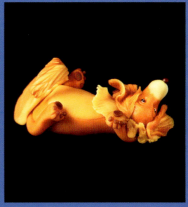

ミニチュアダックスフント

材料：体長100㎜
- キツネ色＝マジパン＋黄＋赤＋ココア
- 明るいベージュ色＝キツネ色のマジパン＋マジパン
- 薄ベージュ色＝キツネ色のマジパン＋マジパン
- 白色＝マジパン
- 濃こげ茶色＝マジパン＋ココア＋赤
- 茶色＝マジパン＋ココア＋赤
- 赤色＝マジパン＋赤＋黄
- バタークリーム、パータ・グラッセ

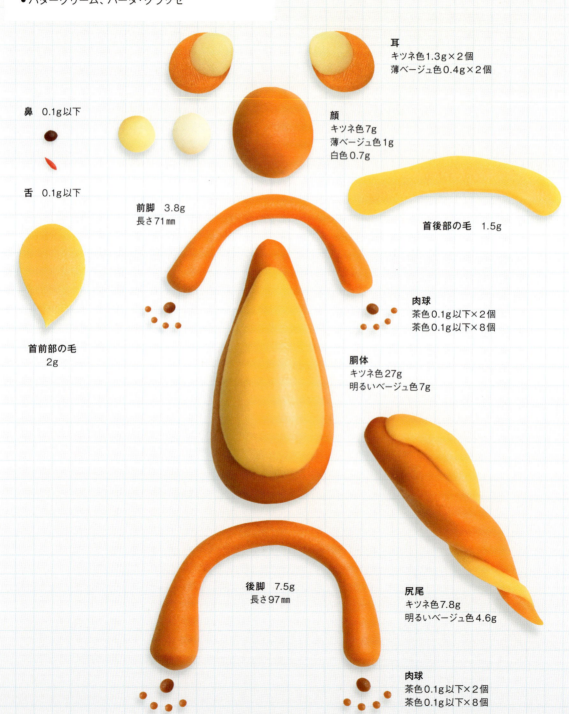

耳　キツネ色1.3g×2個　薄ベージュ色0.4g×2個

鼻　0.1g以下

顔　キツネ色7g　薄ベージュ色1g　白色0.7g

舌　0.1g以下

前脚　3.8g　長さ71㎜

首後部の毛　1.5g

肉球　茶色0.1g以下×2個　茶色0.1g以下×8個

首前部の毛　2g

胴体　キツネ色27g　明るいベージュ色7g

後脚　7.5g　長さ97㎜

尻尾　キツネ色7.8g　明るいベージュ色4.6g

肉球　茶色0.1g以下×2個　茶色0.1g以下×8個

❶ 胴体：キツネ色のマジパンで涙形をつくり、台上で手のひらで押して少し平らにする。明るいベージュ色のマジパンも同様に涙形にして少し平らにする。キツネ色のマジパンの上に明るいベージュ色のマジパンをのせ、指で押してなじませる。

❽ 首前部の毛：明るいベージュ色のマジパンで涙形をつくる。シリコン型（→P9）に押しつけて縦に細かい筋模様をつける。

❷ 明るいベージュ色のほうを下にして台上で軽く転がし、2色のマジパンをきれいになじませる。

❾ さらにマジパンスティックで縁のほうだけ筋模様を入れる。これで毛並みの描写が細かくなる。

❸ 指先で先端のほうをのばして形を整える。他の動物よりも胴体は長めに。

❿ 細いほうの先端を下にして、胴体前面の首部から少し下に貼りつける。

❹ あとからお腹を見せて寝かせるので、下写真のように胴体はかなり前傾にする。そのため胴体の下部は平らではなく、前傾になるように形をつくっておく。もっとも厚い部分の厚さは24㎜。

⓫ 腕：キツネ色のマジパンを両端は少し太めに残して細長くのばす。

❺ 脚：キツネ色のマジパンを両端は少し太めにして細長くのばす。

⓬ 胴体の先端にのせ、胴体のラインに沿わせて巻きつける。両端を胴体のほうに軽く押して、手先の形を外向きにする。

❻ 胴体下部に背面から巻きつけ、両端を胴体に向かって軽く押して足先をつくる。

⓭ 手先に指のラインを左右3本ずつ入れる。これも足先と同様に外側に向けて入れる。

❼ 足先に指のラインを左右3本ずつ入れる。指先が外側に向いているように入れる。

⓮ 肉球：お腹を上にして寝かせる。茶色のマジパンで小さい球を4個つくる。手のひらと足の裏の中央より下にそれぞれのせる。

⓯ マジパンスティックで軽く押して、少し平らに整える。

⓰ 茶色のマジパンでごく小さい球をつくる。左の手のひらの指の筋に合わせて4個のせ、指で軽く押してつぶす。

Marzipan zoo 101

❶⓻ 右手も同様にする。

❶⓼ 手と同様に両足にも指球をつける。

❷⓺ 両手の親指で押し、鼻筋をつくりながら両眼の部分をくぼませる。額から鼻筋をすっと通らせるイメージで整える。

❷⓻ 白い部分の先端に口のラインをつける。

❶⓽ 尻尾：キツネ色のマジパンを紡錘形にする。明るいベージュ色のマジパンも紡錘形にし、キツネ色のマジパンの上にのせて2つをまとめてねじる。台上で転がして2色をなじませながらのばす。

❷⓿ 手のひらで押してつぶし、中心から両側に向かって細かく筋を入れる。

❷⓼ 口のラインの上に筋を入れる。マジパンスティックの刃側を上に向けて持ち、下から上に動かす。

❷❶ 胴体の下部につけ、くるりと丸める。

❷⓽ 指先で白い部分の先端を押して口のラインを少し開きながら、形を整える。

❷❷ 顔：キツネ色のマジパンで球をつくる。別に白色のマジパンと薄ベージュ色のマジパンで小さい球をつくり、2つをつけて丸め直す。キツネ色のマジパンと、2色を丸めたマジパンの薄ベージュ色側をつける。

❸⓿ 濃こげ茶色のマジパンで小さい球をつくる。鼻先につける。

❷❸ 両手のひらの間で転がして球状にする。

❸❶ 眼：眼のくぼみをやや縦長につける。

❷❹ 境界線のあたりに右手の小指の側面をあて、少し転がしてへこませる。白い部分の先端が鼻先になり、この部分が少し上に向いている形に。

❸❷ 眉毛：眼のくぼみの上に眉毛のラインをつける。

❷❺ 指先でへこませたところから白い部分をのばす。

❸❸ 首後部の毛：明るいベージュ色のマジパンを麺棒で細長くのばす。斜めに細かく筋模様を入れる。

❸❹ 胴体の先端に背面側から巻きつけ、胴体の先端部をマジパンスティックで押してつける。

㉟ 耳:キツネ色のマジパンで球をつくる。明るいベージュ色のマジパンも球状にする。キツネ色のマジパンの上に明るいベージュ色のマジパンをのせ、一緒に丸めて球状にしてから涙形にする。

㊱ 指でつぶして平らにする。

㊲ 縦斜めに細かく筋模様を入れる。

㊳ 頭頂部の右側につける。

㊴ 同様に左側にもつける。

㊵ 胴体に顔をのせる。寝そべってこちらを見ている形状をイメージしてバランスを整える。

㊶ 舌:赤色のマジパンでごく小さい紡錘形をつくる。マジパンスティックで片端をさしてそのまま口の左側につける。

㊷ 尻尾の裏側にも毛並みの筋模様を入れる。

㊸ 眼:バタークリームで白眼を絞り入れる。

㊹ すぐにパータ・グラッセで黒眼を入れる。

㊺ すぐにバタークリームで光彩を絞る。

Marzipan zoo 103

Dalmatian

ダルメシアン

セントバーナード(P92)やミニチュアダックスフント(P98)とは趣が違い、
ダルメシアンは軽快に動きまわるスポーティな犬。
その特徴を前脚のスッと長いフォルムで表現するため、
胴体と前脚を同じ球からつくる独特の成形で、
他の動物たちとは違うラインを生みだしている。
胴体の球をつくり、そこから一端を細長くつまみだし、
その部分にペティナイフで切り目を入れて開き、前脚として成形する。
つまみだす長さは違うが、流れとしてはバニー (P18)の耳の成形の別バージョンだ。
黒のぶち模様は最終的なフォルムをイメージしながら、大小の大きさを混ぜ、
どの位置にどの大きさがくると効果的かを意識しながら入れていく。

ダルメシアン
材料：体長54㎜
- 白色＝マジパン
- こげ茶色＝マジパン＋ココア＋赤
- 赤色＝マジパン＋赤＋黄
- バタークリーム、パータ・グラッセ

尻尾　0.5g

後脚
白色5g
こげ茶色0.1g以下×7個
長さ96㎜

胴体と前脚
白色32g
こげ茶色計0.6g（12個）

首
白色2.4g
こげ茶色0.1g以下×4個

耳　1g×2個

目のまだら模様
0.1g以下×2個

顔
白色8g
こげ茶色0.1g以下×4個

鼻　0.1g以下

舌　0.1g以下

❶ 胴体：白色のマジパンで涙形をつくる。こげ茶色のマジパンで大小の球を12個つくり、指先で軽くつぶして白色のマジパンにつける。こげ茶色のマジパンは体温で柔らかくしてつぶしてすぐに貼りつけ、白色になじみやすくする。

❷ 細いほうの先端は前脚、太いほうは背面になる。最終的なできあがりのシェイプや見え方をイメージしながらこげ茶色のマジパンを貼りつけていく。

❸ 台上で軽く転がしてこげ茶色のマジパンをきれいになじませながら、細いほうをさらに長くのばす。

❹ 前脚：細いほうにペティナイフで長さ4cmくらいの切り目を入れる。この部分が前脚になる。

❺ 切り目を入れた部分を少し開き、左右それぞれを切り目のほうに少しねじって切り目のラインが後ろになるようにする。

❻ 左右の形を整えながら、足先の形をつくり、少し外向きにする。

❼ 前脚の足先に指のラインの筋を左右3本ずつ入れる。マジパンスティックは刃側を上に向けて下から上に動かす。

❽ 後脚：白色のマジパンを両端は少し太めにしてある程度まで細長くのばす。

❾ こげ茶色のマジパンでごく小さい球を7個つくって指で軽くつぶし、白色のマジパンにつける。これも胴体や前脚と同様、完成した時にどの位置にぶち模様があるといいかを想像しながら貼りつける。

❿ 両端は少し太めにしてさらに細長くのばす。

⓫ 胴体下部に背面から巻きつけ、両端を軽く押して足先の形をつくる。

⓬ 後脚の足先に指のラインを左右3本ずつ入れる。

⓭ 尻尾：白色のマジパンを片方の先端を細くしながら細長くのばす。

Marzipan zoo

⑭ 後脚の中央の上につけ、胴体の右側から見えるように整える。

⑳ 鼻口部の上から眼にかけての部分に、小指の側面をあてて顔の凹凸のラインを整える。

㉑ 眼：眼のくぼみをやや縦長につける。

⑮ 顔：白色のマジパンで球をつくる。端から1/3くらいのところに右手の小指の側面をあてて転がし、片側を細長くのばす。この部分が鼻先になる。

⑯ さらに指先で鼻先、全体の形を整える。鼻先となる先端部分は丸くふっくらとさせる。

㉒ こげ茶色のマジパンで小さい俵形を2個つくる。両眼のくぼみに入れ、マジパンスティックでなぞってくぼみ全体にのばす。

⑰ 口：鼻先にマジパンスティックを2ヵ所さして口のラインをつける。

㉓ 指先でつまんで鼻筋部分をすっと通す。

⑱ さらにバランスをみながら口のラインを深くする。

㉔ 鼻：こげ茶色のマジパンで小さい球をつくる。鼻先につける。

⑲ 口のラインの上に縦に筋を入れる。

㉕ こげ茶色のマジパンでごく小さい球を4個つくり、左右の頭頂部、左右の鼻先の横にそれぞれつける。

㉖ 首：白色のマジパンで球をつくる。こげ茶色のマジパンでごく小さい球を4個つくる。白色のマジパンにこげ茶色のマジパンをつけ、丸め直してなじませる。

㉗ 胴体の首部分につける。

㉘ マジパンスティックで押してくぼませる。

㉙ 胴体に顔を右向きにのせる。白色のマジパンを直径5mmに丸めて顔の後ろにのせて支えにし、マジパンスティックで後ろから押してつける。正面から見た時に体のラインもよく見えるよう、顔は右向きにつけている。

㉚ 耳：こげ茶色のマジパンを球状にしてから指先でつぶして三角に近い形にする。

㉛ 頭頂部につける。左耳も同様にする。

㉝ 眼：バタークリームで白眼を絞り入れる。

㉞ すぐにパータ・グラッセで黒眼を入れる。

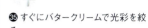
㉟ すぐにバタークリームで光彩を絞る。

㉜ 舌：赤色のマジパンでごく小さい紡錘形をつくる。マジパンスティックで片端をさしてそのまま口の中につける。

Marzipan zoo　109

Mandrill

マンドリル

マジパン細工には、極力単純化したデフォルメが適している対象と、
逆に忠実に再現したほうが表現しやすいものがある。
マンドリルは後者の忠実再現タイプだ。
個性的な顔の青や赤色部分は実物そのまま、
一方で首のまわりに三重に巻きつけたパーツは、
実物にはそのまま同じものはついていないが、
重ねづけすることによってマンドリルの重厚感を表現している。
一重めだけに体毛を表わす筋目を入れてやりすぎぬよう、
かつ一番外側は明るい配色にして全体を明るく楽しい雰囲気にまとめている。
独特の脚のラインをだすために脚を片方ずつ胴体につけるのは、他の動物にはない成形だ。

  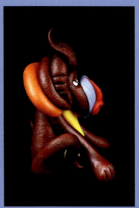

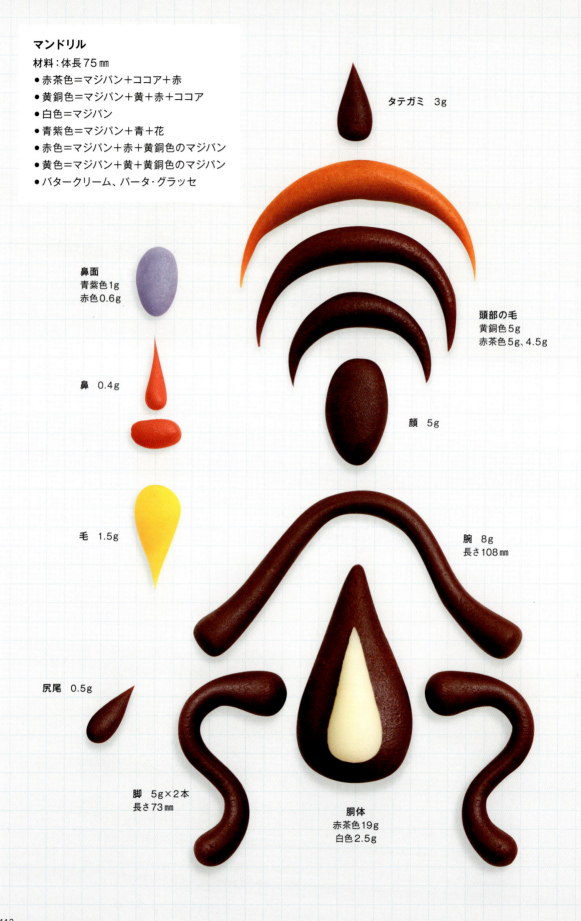

❶ 胴体：赤茶色のマジパンで涙形をつくり、指で押して少し平らにする。下部は少し厚みをだす。

❷ 白色のマジパンで涙形をつくり、指で少し細長くする。

❸ 赤茶色のマジパンに白色のマジパンをのせる。

❹ 白色のマジパンの中心が高くなるように指で形を整える。胴体のもっとも厚い部分の厚さは18mm、そのうち白い部分のもっとも厚い部分は9mm。

❺ 縦に6本筋を入れる。

❻ 脚：赤茶色のマジパンを両端は少し太めに残して細長くのばす。これを2本つくる。

❼ 胴体の右側につけ、ヒザ部分を曲げ、軽く押して足先の形をつくる。

❽ 足先に指のラインを左右4本ずつ入れる。マジパンスティックの刃側を上に向けて下から上に動かす。

❾ マジパンスティックで押して足首のラインをつける。

❿ 左脚も同様にしてつける。

⓫ 腕：赤茶色のマジパンを両端は少し太めに残して細長くのばす。

⓬ 胴体の先端にのせ、前に自然なラインでたらしながら、両端を少し開いて台につける。脚とのバランスを見ながら形を整える。

⓭ 腕と胴体の先端をマジパンスティックで押してくっつけながらくぼませる。

⓮ 手先に指のラインを左右4本ずつ入れる。

⓯ 顔：赤茶色のマジパンで球をつくり、片側を少し細めにして卵形に近い形にする。細いほうがアゴになる。中央より少し上部をマジパンスティックで押してへこませる。もっとも厚い部分の厚さは8mm。

⓰ 青紫色のマジパンで涙形をつくり、台上で指で押して平らにする。

Marzipan zoo 113

⑰ 顔のへこませたラインの下に、細いほうの先端を下にしてつける。

⑱ 縦に筋を8本入れる。

⑲ 鼻：赤色のマジパンで長めの涙形をつくる。青紫色のマジパンの上に細いほうの先端を上にしてつける。

⑳ 赤色のマジパンで小さい俵形をつくり、涙形のマジパンの下部に少しだけ重ねてつける。

㉑ 鼻穴を大きめにあける。

㉒ 眼：顔のへこませたライン上に、眼のくぼみをつける。

㉓ 赤茶色のマジパンを細長くのばし、両手のひらの間で転がして両端を細くする。手のひらの中央のくぼみと、親指と小指のつけ根のふくらとした部分をうまく生かして転がすと、両端を細くしながらのばすことができる。

㉔ 頭部に巻きつける。

㉕ 左右に毛並みの筋模様を4本ずつ入れる。

㉖ ㉓と同様に赤茶色のマジパンを両端を細くしてのばす。

㉗ ㉕の下に重ねて巻きつける。

㉘ タテガミ：赤茶色のマジパンで涙形をつくる。シリコン型（→P9）に押しつけて縦に筋模様をつける。

㉙ 指先で先端を細くとがらせる。

㉚ 頭頂部につけ、先端を少し曲げて表情をだす。マジパンスティックで押してしっかりとつける。

㉛ 毛：黄色のマジパンで涙形をつくる。シリコン型に押しつけて縦に筋模様をつけ、指先で先端を少し曲げて表情をつける。

㉜ 先端を下向きにして、顔の下につける。

㉝ 口穴をあける。

㉞ 黄銅色のマジパンを㉓と同様に両端を細くしてのばす。

㉟ ㉗の下に重ねて巻きつける。

㊱ 胴体に顔をのせる。

㊲ 赤茶色のマジパンを直径5mmに丸めて顔の後ろにのせて支えにし、マジパンスティックで後ろから押してつける。

㊳ 支えのところを指で押さえながら、眼のくぼみをマジパンスティックで押して顔を固定する。これで全体の重心やバランスを整える。

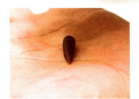
㊴ 尻尾：赤茶色のマジパンで小さい涙形をつくる。

㊵ 脚の背面左側につける。正面から見て、左側から少し見えるように。

㊶ 眼：バタークリームで白眼を絞り入れる。

㊷ すぐにパータ・グラッセで黒眼を入れる。

㊸ すぐにバタークリームで光彩を絞る。

Kangaroo

カンガルー

お母さんカンガルーとベビーをつくるのでプロセスは多く、
ベビーは小さいので作業もとても細かいが、
デフォルメはしやすいマジパン細工だ。
胴体が長く、毛はあるけれどもツルンとしたイメージ。
ピョンピョンと飛び跳ねるバネの強い脚、
長く存在感のある尻尾。
どうつくろうかと考えていたときに、耳がいろいろな角度を向いていたり、
ピンと立っていたり、ペタンと倒れていたりすることに気づいた。
耳のつけ方ひとつで、表情をいろいろと変えられる。
そんなマジパン細工のおもしろさを感じとることができる。

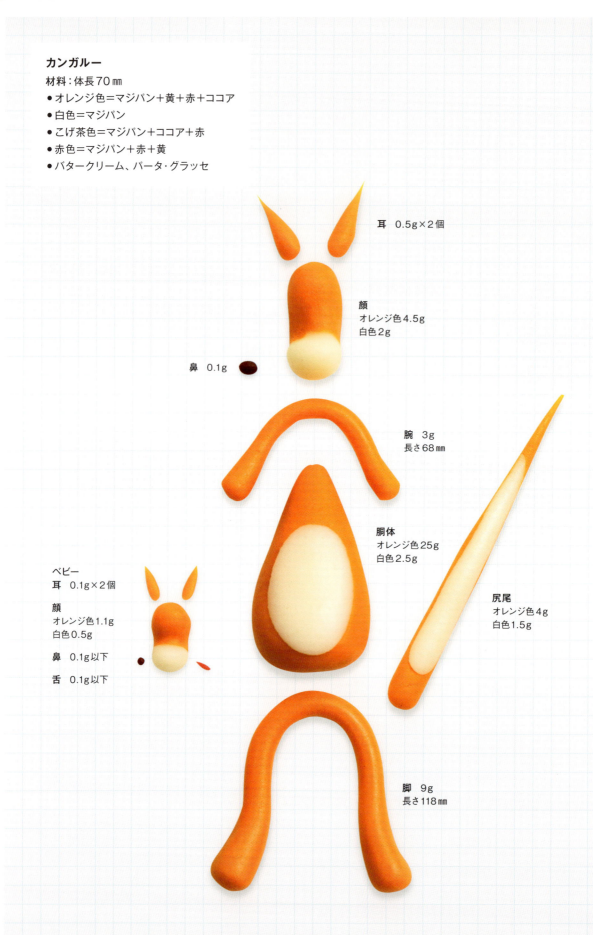

❶ 胴体：オレンジ色のマジパンで涙形をつくる。白色のマジパンも涙形にし、台上で少し押して平らにする。オレンジ色のマジパンに白色のマジパンをのせる。

❷ 両手のひらの間で転がして2色のマジパンをなじませる。

❸ 先端を指でのばし、全体の形を整える。台上に立てる。他の動物よりも胴体は長めで、下部はふっくらとさせる。もっとも厚い部分の厚さは23mm。

❹ 直径30mmのぬき型を白い部分に押しつける。

❺ このようにお腹の袋のラインをつける。

❻ ラインをつけた上部を親指で押してへこませる。

❼ ラインに沿ってマジパンスティックで切り目を入れる。

❽ 切り目から人さし指を入れて、袋の中に空洞をつくる。

❾ 脚：オレンジ色のマジパンを両端は少し太めにして細長くのばす。

❿ 胴体下部に背面から巻きつける。両端を胴体に向かって軽く押して足先をつくり、少し外側を向ける。カンガルーは脚を長めにする。

⓫ 足先に指のラインを左右3本ずつ入れる。マジパンスティックは刃側を上に向けて下から上に動かす。

⓬ 腕：オレンジ色のマジパンを両端は少し太めに残して細長くのばす。

⓭ 胴体の先端にのせ、胴体のラインに沿わせて巻きつける。両端は下向きに手先の形をつくる。

⓮ 腕と胴体の先端をマジパンスティックで押してくっつけながらくぼませる。

⓯ 手先に指のラインを左右3本ずつ入れる。

Marzipan zoo 119

⓰ 尻尾：オレンジ色のマジパンで涙形をつくる。白色のマジパンも涙形にする。オレンジ色のマジパンに白色のマジパンをのせる。

㉕ 鼻：こげ茶色のマジパンで小さい小豆形をつくる。白い部分に横長にのせる。

⓱ 台上で転がして2色をなじませながら片側を細長くのばす。

㉖ 眼：眼のくぼみをやや縦長につける。

⓲ 脚の背面左側につける。正面から見ながら、尻尾の表情を整える。

㉗ 眉毛：眼のくぼみの上に眉毛のラインをつける。

⓳ 顔：オレンジ色のマジパンで球をつくる。白色のマジパンも球状にする。オレンジ色のマジパンと白色のマジパンをつけ、両手のひらの間で転がして丸め直す。

㉘ 耳：オレンジ色のマジパンで小さい涙形をつくる。

⓴ オレンジ色と白色が接する部分に、人さし指の側面をあてて軽く転がす。

㉙ マジパンスティックを押しつける。

㉑ このようにオレンジ色のマジパン部分を細長くのばす。オレンジ色のほうが顔の上部になる。

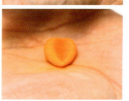
㉚ 耳穴ができる。

㉒ オレンジ色と白色のマジパンが接する部分を、マジパンスティックで押してへこませる。

㉛ 根元のほうにマジパンスティックを押しつけて取りあげ、そのまま頭頂部に耳穴が外側を向くようにのせる。頭頂に向かって押してしっかりつける。耳の向きや立ち方は全体の表情を見ながら決める。

㉓ 口：白い部分の先端に直径30mmのぬき型の上部（手で持つ側）で口をあける。

㉜ 胴体に顔をのせる。オレンジ色のマジパンを直径5mmに丸めて顔の後ろにのせて支えにし、マジパンスティックで後ろから押してつける。支えのところを指で押さえながら、眼のくぼみをマジパンスティックで押して顔を固定する。

㉔ 口のラインの上に縦に筋を入れる。

㉝ ベビーの顔：オレンジ色、白色のマジパンでそれぞれ球をつくり、2つをつける。両手のひらの間で転がして丸め直す。サイズが小さくなるだけで基本的なつくり方は⓳〜㉛と同様。

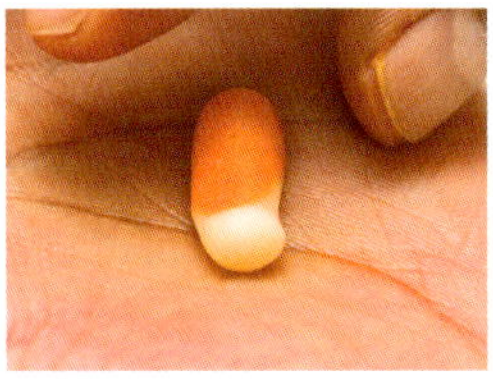

㉞オレンジ色と白色が接する部分に、小指の側面をあてて軽く転がしてオレンジ色のマジパン部分を細長くのばす。オレンジ色と白色の接する部分を、マジパンスティックで押してへこませる。

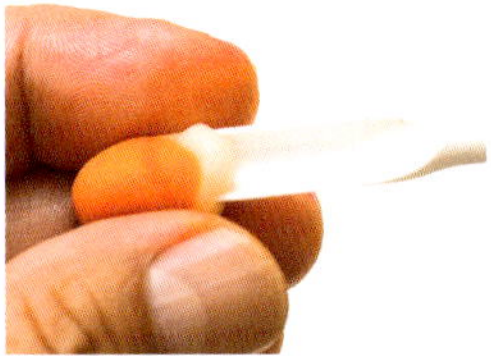

㉟口：白い部分の先端にマジパンスティックを差し込み、スティックの柄を少し上下に動かして口をあける。

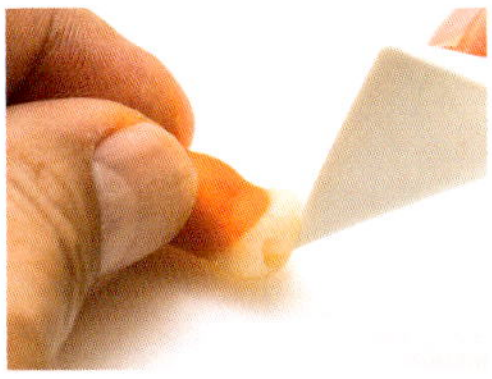

㊱口のラインの上に筋を入れる。

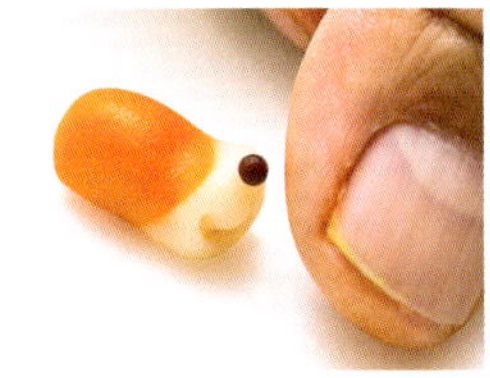

㊲鼻：こげ茶色のマジパンでごく小さい球をつくる。白い部分にのせる。

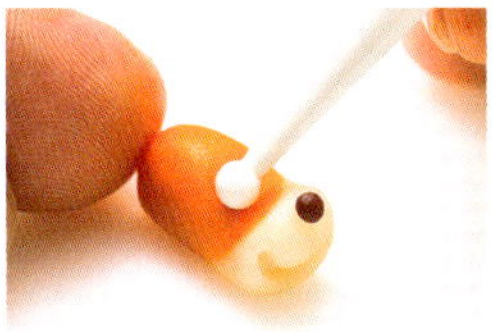

㊳眼：眼のくぼみをやや縦長につける。

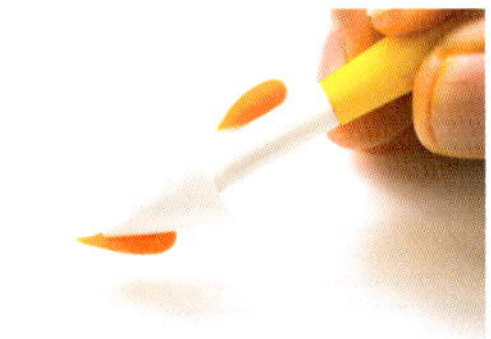

㊴耳：オレンジ色のマジパンで小さい涙形をつくる。マジパンスティックを押しつけて耳穴をあける。

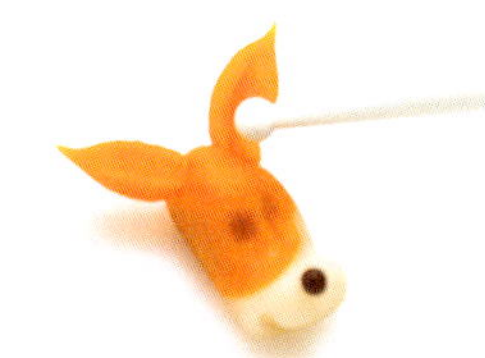

㊵根元のほうにマジパンスティックを押しつけて取りあげ、そのまま頭頂部に耳穴が外側を向くようにのせる。頭頂に向かって押してしっかりつける。

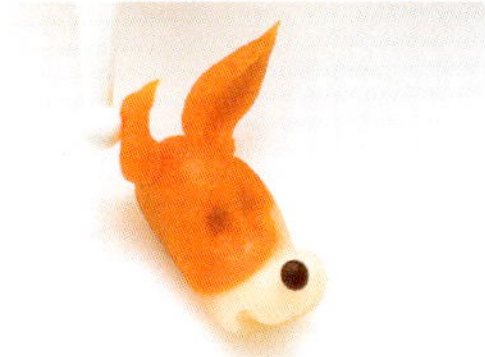

㊶耳の表情をつける。

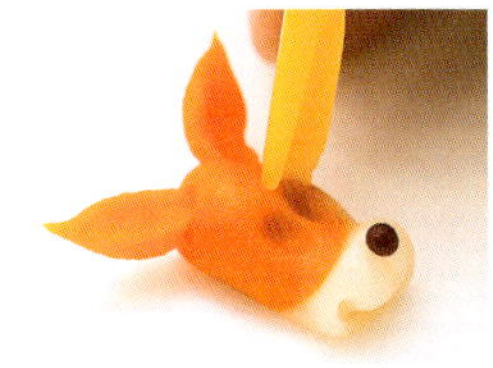

㊷眉毛：眉毛のラインをつける。サイズが小さいので他で使うマジパンスティックよりも小さい形状（直径5㎜）のものを使っている。

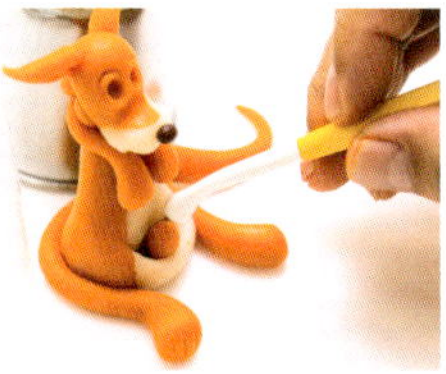

㊸ベビーの顔がお腹の袋からちょうどよく見えるように、オレンジ色のマジパン適量を小さく丸めて袋の中に入れる。

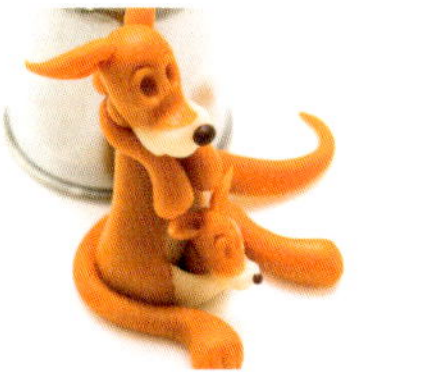

㊹ベビーの顔をのせる。

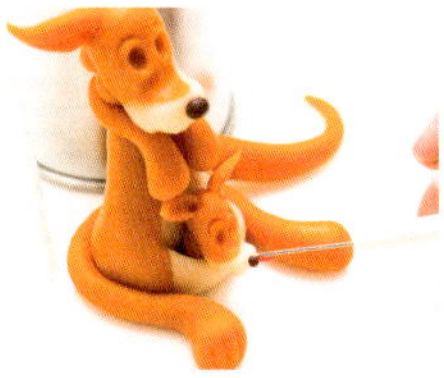

㊺舌：赤色のマジパンでごく小さい紡錘形をつくる。マジパンスティックで片端をさし、そのままベビーの口の左端につける。

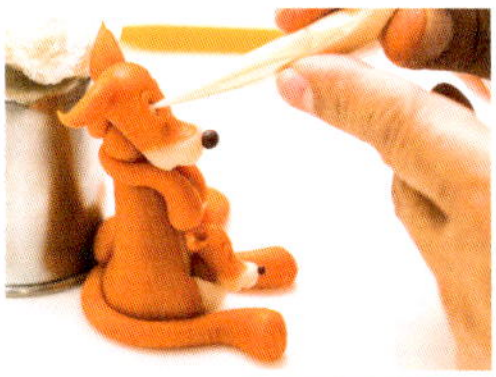

㊻母カンガルーの眼：バタークリームで白眼を絞る。

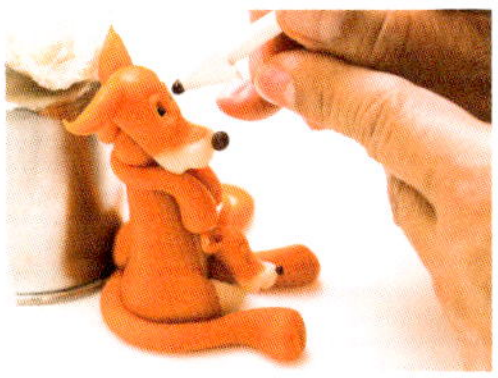

㊼すぐにパータ・グラッセで黒眼を入れる。

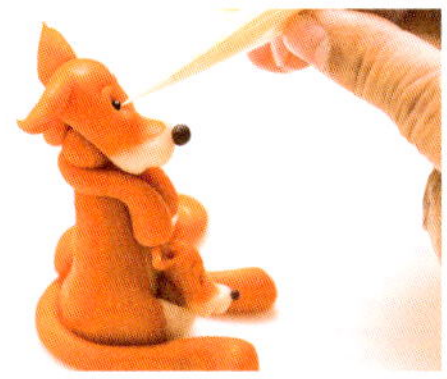

㊽すぐにバタークリームで光彩を絞る。

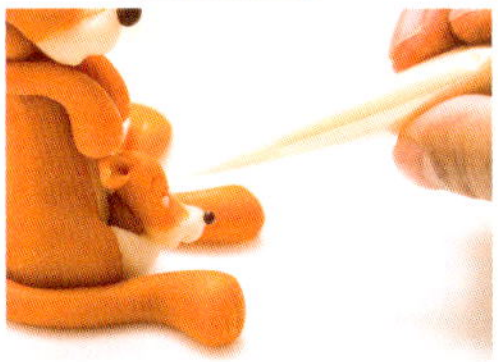

㊾ベビーの眼：バタークリームで白眼を絞り入れる。

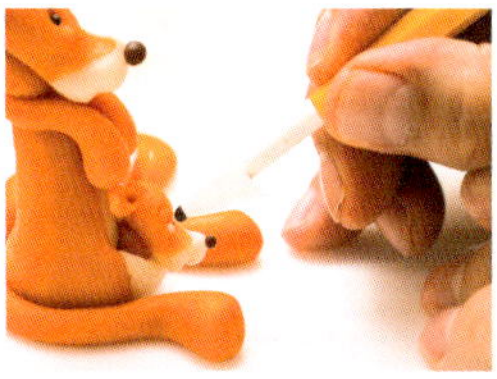

㊿すぐにパータ・グラッセで黒眼を入れる。

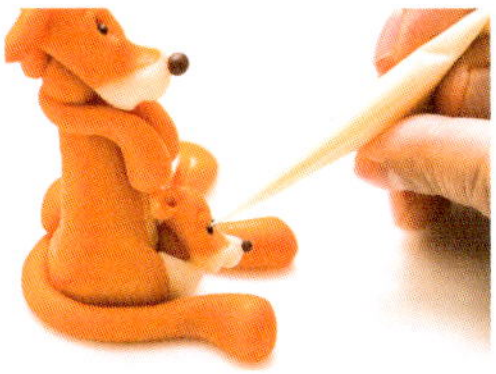

(51)すぐにバタークリームで光彩を絞る。

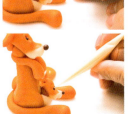

Parrot

オウム

実際のオウムの配色とは違うかもしれないが、
いかにもオウムらしくカラフルに見せるために、
補色関係(→P14)の色を重ねるのがカギ。
補色とは反対色のことで、反対色は互いを引き立てあう効果がある。
翼は青紫色が胴体のオレンジ色と補色関係、
尾羽は7色を重ねてつくる際に、
補色関係の色を組み合わせて使うことにより、
派手にカラフルに見える。
何気なくつくっているようだが、
緻密な色の計算をしたマジパン細工なのだ。

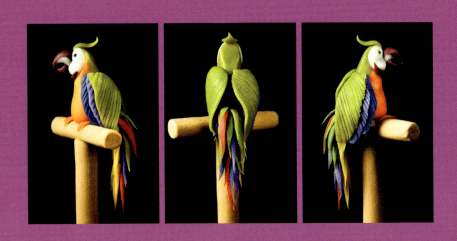

オウム

材料：体長120㎜（頭頂から尾羽の先端）
- 黄緑色＝マジパン＋黄＋青（頭頂の毛、胴体背面、翼、尾羽）
- オレンジ色＝黄色のマジパン＋マジパン＋黄＋赤（胴体腹面）
- 白色＝マジパン（顔、上クチバシ）
- こげ茶色＝マジパン＋茶＋赤（クチバシ、首の羽）
- 紫色＝マジパン＋花＋青（翼、尾羽）
- 青紫色＝マジパン＋花＋青（翼、尾羽）
- 黄色＝マジパン＋黄（尾羽）
- 赤色＝マジパン＋赤＋黄色のマジパン（尾羽）
- 抹茶色＝黄緑色のマジパン＋青紫色のマジパン（尾羽）
- 黄銅色＝マジパン＋黄＋赤＋ココア（脚）
- バタークリーム、パータ・グラッセ

頭頂の毛　0.5g

顔　3g

上クチバシ
こげ茶色0.7g
白色0.3g

下クチバシ
こげ茶色0.3g

首の羽　0.3g

翼
黄緑色2.2g×2枚
紫色1.4g×2枚
青紫色1.4g×2枚

胴体
オレンジ色10g
黄緑色8g

脚　0.2g×6本

尾羽（表側）
赤色0.3g×3本
青紫色0.3g×2本
紫色0.3g×2本
黄緑色0.3g×2本
抹茶色0.3g×4本

尾羽（裏側）
黄色0.3g×11本
青紫色0.3g×3本

❶ 胴体：黄緑色のマジパンを涙形にする。オレンジ色のマジパンも涙形にする。黄緑色のマジパンにオレンジ色のマジパンを重ねてなじませ、台上で転がしてさらにきれいに整える。背面が黄緑色、腹部がオレンジ色になる。

❷ 細長めの涙形に整える。側面から見るとおよそ黄緑色とオレンジ色が半々の割合で、胴体下部は厚めにする。もっとも厚い部分の厚さは17mm。

❸ 胴体先端の前面をマジパンスティックで押してくぼませる。

❹ くぼませた部分をマジパンスティックで押して先端のほうにのばして薄くする。

❺ このような形にする。

❻ 顔：こげ茶色のマジパンを手のひらの上で細長くのばし、両端を細くする。

❼ 白色のマジパンで球をつくる。こげ茶色のマジパンをつけ、指でなじませる。こげ茶色のマジパンをつけたほうが顔の下部になる。

❽ 顔の中心あたりをマジパンスティックで押してへこませる。

❾ 顔を胴体にのせる。

❿ 頭頂の毛：黄緑色のマジパンで小さい涙形をつくる。シリコン型（→P9）に押しつけて薄くしながら、縦に筋模様をつける。

⓫ 先端を軽く曲げて表情をだす。

⓬ 頭頂部に立ててつける。

⓭ クチバシ：まず上クチバシをつくる。こげ茶色のマジパン、白色のマジパンでそれぞれ小さい球をつくる。2つをつけて丸め直してから、涙形にする。

⓮ 白色のマジパンのほうを下にし、涙形の先端のほうを曲げてクチバシの形にする。顔のへこませた部分につける。

⓯ 次に下クチバシをつくる。こげ茶色のマジパンで小さい涙形をつくり、先端を細長くする。

⓰ マジパンスティックで押してくぼませる。

⓱ 下クチバシをつける位置をマジパンスティックでくぼませる。

⓲ 下クチバシをくぼみを上にしてつける。

⑲ 眼：眼のくぼみをやや丸くつける。

㉗ 尾羽の表側をつくる。㉓の赤色のマジパンを台上に1本置き、紫色、青紫色、赤色を順に少しずつずらしながら重ねていく。

⑳ 眼のくぼみの下に、左右3本ずつ毛並みの筋を入れる。

㉘ さらに抹茶色、青紫色を重ねる。

㉑ とまり木：ブロンドチョコレートをテンパリングし、各パーツの形をつくる。台座は直径73mm、厚さ4mm。縦の軸は直径16mm、長さ95mm。横のとまり木は直径12mm、長さ75mm。オウムをのせる台部分は幅16mm、奥行き12mm。直径20mmの円を4等分した扇形のパーツを、台部分の留め具として使っている。各パーツはテンパリングしたブロンドチョコレートで接着する。

㉙ さらに黄緑色、紫色、抹茶色2本を重ねる。

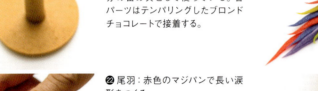

㉚ さらに赤色、黄緑色、抹茶色を重ねる。最後に根元のほうを指で軽く押してつける。

㉒ 尾羽：赤色のマジパンで長い涙形をつくる。

㉛ 次に尾羽の裏側をつくる。㉖の黄色のマジパンを台上に1本置き、その上に1本ずつ少しずつ重ねながらつけていく。

㉓ シリコン型に押しつけて縦に筋模様をつける。これを3本つくる。

㉜ たれ下がる尾羽の形をイメージしながら、全体の長さや厚さのバランスをとる。

㉔ 同様に紫色のマジパンで2本つくる。

㉝ 黄色を重ね終えたら、根本のほうに青紫色のマジパン3本をつける。

㉕ 同様に抹茶色のマジパンで4本つくる。さらに青紫色、黄緑色のマジパンでも各2本つくる。これらは尾羽の表側になる。

㉖ さらに同様に黄色のマジパンで11本、青紫色のマジパンで3本つくる。これらは尾羽の裏側になる。

㉞ とまり木の台に㉝の尾羽を、裏側を上に向けて根元をつける。

㉟ その上に㉚の尾羽をつける。このように尾羽の表面と裏面を合わせて貼りつけることにより、どこから見ても尾羽に立体感があり美しく見える。

㊱ マジパンスティックで根元を押してしっかりとつける。

㊶ 右上から下がるように斜めに9〜10本の筋を入れる。同様に紫色、黄緑色でもつくる。

㊷ 青紫色のマジパンの上に、紫色のマジパンを少しずらしてのせる。

㊸ さらに黄緑色のマジパンも少しずらしてのせる。これで1枚の翼になる。左側の翼は斜めの筋を逆向きに左上から下に入れ、3枚のずらし方を逆にする。

㊹ 胴体の右肩に右側の翼をつける。左側もつける。正面、両サイドから見てバランスを整える。

㊲ 脚：黄銅色のマジパンで小さい紡錘形を6本つくる。

㊳ 胴体の幅に合わせて、脚を左右3本ずつとまり木の台につける。マジパンスティックを使ってとまり木の丸みにきれいに沿わせる。

㊺ 眼：バタークリームで白眼を絞り入れる。

㊴ 左右の脚の上に胴体をのせる。

㊻ すぐにパータ・グラッセで黒眼を入れる。

㊵ 翼：まず右側の翼をつくる。青紫色のマジパンで涙形をつくる。台上に置いて手のひらで押して平らにし、麺棒で長さ45mmに薄くのばす。厚さは2mmほど。

㊼ すぐにバタークリームで光彩を絞る。

Marzipan zoo 127

エモーショナルな顔

顔は着色したマジパンで輪郭をつくり、眼のくぼみをつくり、眉毛のラインをつけ、鼻をつけ、口をあけ、耳、髪の毛をつけるという手順でつくる。動物と人物の違いや手順の入れかわりはあるが、ほぼ同じプロセスでつくっていく。だが、ひとつひとつのプロセスで表情はどんどん変わっていく。大切なのは、つくりたいキャラクターの性別や性格を頭に思い描き、それを表現するための表情をつくることだ。つくり手のイマジネーションが豊かでなければ、マジパンの表情もエモーショナルにはならない。顔に白いヒゲをつければおじいさんのできあがりというレベルを超えた、キャラクターの個性が全開で伝わってくるマジパン細工を本書では伝えたい。6つのキャラクターを例にして、輪郭をつくる、髪の毛をつける、眼を入れた完成形のプロセスを追いながら表情の変化を見てみよう。

輪郭をつくる

輪郭の段階でキャラクターの性格や表情はかなり決まる。

小顔のイケメン系。鼻が小さく、口はスマイル。

❶
主役のキャラクターの男の子

❷
脇役のキャラクターの男の子

人がよさそうな表情。そら豆形の輪郭、大きめの鼻、口元もコミカルな動き。

女性なので男性よりも少し小顔で、耳や鼻も小さめ。マブタを閉じているので、眼のくぼみは大きめで浅く、眼の下にU字のラインを入れる。口はすぼませている。

❸
眠そうな顔の女の子

❹
女の子

小顔で耳や鼻も小さいのは女の子全般の特徴。元気なイメージで、口はしゃべっているようにあけている。

耳と鼻が大きめで、ムッとしたへの字の口。

❺
機嫌のよくない男の人

❻
おじいさん

額のシワと、下に広がった眼のくぼみとたるみ。

髪の毛をつける

髪の毛の色や表情はキャラクターの印象をさらに強める重要なポイント。

❶ 明るい色の髪の毛。毛先に表情をだして元気そうなイメージに。

❷ 主役よりダークな色合いに。こげ茶色のクセっ毛。

❸ 金髪のイメージに近い、黄色みを帯びた髪の毛。ロングヘアーで前髪にも表情をつける。

❹ 毛先に動きをだして、元気な印象のショートカット。赤めの茶色の髪の毛。

❺ 濃いチョコレート色の髪の毛。黒色に近い直毛で、鼻も大きいので日本人のキャラクター。

❻ 明るめな茶色の髪の毛と口ヒゲ、アゴヒゲ。童話の登場人物のおじいさんを思わせる。

眼を入れる

白眼、黒眼、光彩を入れて顔は完成する。
最後の眼入れで表情はまたガラリと変わるのでとても大事なプロセス。

❶ 黒眼は白眼の上側に入れる。元気で活発な表情に。

❷ 黒眼は白眼の上側に入れつつ、左右で違うほうを見ているように入れる。ちょっとおどけているような表情に。

❸ マブタを閉じている表情。

❹ 白眼のほぼ中央に黒眼を入れる。

❺ 黒眼をやや下向きに入れる。ちょっと怒っていたり、悩んでいたり、困っていたりする表情。

❻ 白眼のほぼ中央に黒眼を入れる。

Yokozuna

横綱

ここからは人物（架空の存在も含めた）のマジパン細工を紹介していく。
この横綱はマジパンらしい愛らしさはあるものの、
どこか強そうに見えないだろうか。
その理由は、横長で大きく見える顔に、への字の食いしばった口。
いかにも強い突っ張りをくりだしそうな、大きな手のひら。
そして、化粧まわしの綱に太い部分をつくり、強さのシンボルとして表現している。
キャラクターが際立つパーツをうまく切り取って伝えるデフォルメの手法だ。
人物の肌はオレンジ色に近い肌色を基本とするが、
この肌色も茶色と同様で"おいしそうな色"であることがポイント。
横綱は力強さを表現するために少し濃いめの色合いにしている。

横綱

材料：体長77㎜
- 薄オレンジの肌色＝マジパン＋黄＋赤
- こげ茶色＝マジパン＋ココア＋赤
- 白色＝マジパン
- 赤色＝マジパン＋赤＋黄
- オレンジ色＝マジパン＋黄＋赤
- 金箔
- バタークリーム、パータ・グラッセ

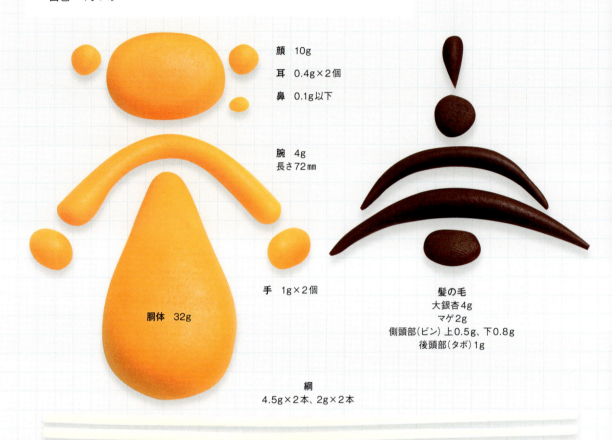

顔　10g
耳　0.4g×2個
鼻　0.1g以下

腕　4g
長さ72㎜

手　1g×2個

胴体　32g

髪の毛
大銀杏4g
マゲ2g
側頭部（ビン）上0.5g、下0.8g
後頭部（タボ）1g

綱
4.5g×2本、2g×2本

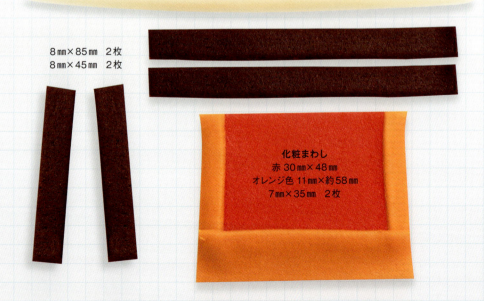

8㎜×85㎜　2枚
8㎜×45㎜　2枚

化粧まわし
赤 30㎜×48㎜
オレンジ色 11㎜×約58㎜
7㎜×35㎜　2枚

❶ 胴体：薄オレンジの肌色のマジパンで涙形をつくる。台上で押して少し平らに形を整える。人物のマジパン細工の肌色のなかでは少し濃いめに着色している。もっとも厚い部分は厚さ27mm。

❷ 背面側の下半分に縦に1本筋を入れる。これはお尻のラインになる。

❸ 化粧まわし：こげ茶色のマジパンを麺棒で厚さ1.5mmに細長くのばす。ペティナイフで8mm×85mm（＝A）を2枚、8mm×45mmを2枚カットする（＝B）。Aはまわしの横部分、Bは背面の結び目になる。

❹ Bを長さ15mmにカットし、お尻のラインに上端から縦につける。下端をマジパンスティックでV字にカットする。

❺ Aを2枚重ねて1枚にする。❹の上端に重ねる。

❻ 巻きつけて胴体正面でつける。余分は切る。

❼ Bの残りをまわしに斜めに貼りつけ、余分はマジパンスティックで切る。

❽ 下端は❹と同様にV字にカットする。実際のまわしは一本の帯を結ぶものだが、マジパン細工では結び目をデフォルメして貼り合わせていく。

❾ 次にBの残りをごく短くカットし、❽の下に端を少し差し込んで貼りつける。

❿ さらにBの残りを下側から貼りつける。❾❿で見た目はまわしを結んでいるかのように見える。

⓫ 余分をマジパンスティックで切り落とす。

⓬ 赤色のマジパンを麺棒で厚さ2mmにのばし、縦30mm×横48mmにカットする。オレンジ色のマジパンものばし、赤色のマジパンの横辺に端を1mm重ねて置き、幅11mmでカットする。

⓭ 同様にオレンジ色のマジパンを縦辺に重ねて置く。

⓮ 上から麺棒を軽く転がして2枚をしっかりとつける。

⓯ オレンジ色のマジパンを幅7mmでカットする。

⓰ ⓯の対辺も同様にする。

Marzipan wonderland 133

❼ 横辺のオレンジ色のマジパン部分に細かく筋目を入れる。

㊋ 胴体の先端にのせ、胴体のラインに沿わせる。腕と胴体の先端をマジパンスティックで押してくっつけながらくぼませる。腕の両端を胴体のほうに軽く押す。

❽ まわしにつける。裾は台に着いて自然なラインができるようにする。

㊌ 手のひら：右手をつくり（→P167 手のひらの基本）、指のラインを3本入れる。

❾ 白色のマジパンを細長くのばし、両端は細くする。これを2本つくる。

㊍ 指先のラインをさらにきれいにつける。マジパンスティックは刃側を上に向け、下から上に動かす。

❿ 2本を片端からねじり合わせる。

㊎ マジパンスティックを手のひらに押しつけてくぼませ、そのまま右腕の先端につける。

⓫ 化粧まわしの上に正面から巻きつけ、背面でつける。

㊏ 同様に左手もつくる。指のラインを3本入れる。

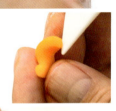

⓬ 白色のマジパンを細長くのばし、さらに木板で転がしてきれいにのばす。ペティナイフで2等分にカットする。2本を片端からねじり合わせる。

㉛ 指先のラインをさらにきれいにつける。

⓭ 長さ22mmでカットして2本とる。これらを綱の背面中央に立つようにつける。

㉜ マジパンスティックを手のひらに押しつけてくぼませ、そのまま左腕の先端につける。

⓮ 残りの⓬を長さ60mmでカットし、丸める。これを⓭の上につける。

⓯ 腕：薄オレンジの肌色のマジパンを両端は少し太めに残して細長くのばす。

❸❸ 顔：薄オレンジの肌色のマジパンで球をつくり、楕円形にする。こげ茶色のマジパンで球をつくり、楕円形にしてから平らにする。こげ茶色のマジパンを薄オレンジの肌色のマジパンにのせる。

❹❷ 胴体に顔をのせる。薄オレンジの肌色のマジパンを直径5mmに丸めて顔のうろに のせて支えにし、マジパンスティックで後ろから押してつける。支えのところを指で押さえながら、眼のくぼみをマジパンスティックで押して顔を固定する。

❸❹ 指で横長の楕円形に整えながら、少し平らにする。

❹❸ マゲ、大銀杏：こげ茶色のマジパンで小さい球(マゲ)と涙形(大銀杏)をつくる。それぞれシリコン型(→P9)に押しつけて縦に筋模様を入れる。

❸❺ こげ茶色のマジパンを細長くのばし、両端は細くする。顔の上部につける。

❹❹ 丸いほうをマゲとして後頭部に貼りつける。大銀杏を先端を下にしてマゲの上につけ、軽く曲げて表情をだす。

❸❻ こげ茶色のマジパンをもう1本細長くのばし、両端は細くする。これを㉟と㉝でつけたこげ茶色のマジパンの間につける。

❹❺ 化粧まわしに金箔を2ヵ所つける。

❸❼ 耳：薄オレンジの肌色のマジパンで小さい球を2個つくる。顔の両側につけ、マジパンスティックで顔のほうに向かって押してつけながら、耳穴をくぼませる。

❹❻ 眼：バタークリームで白眼を絞り入れる。

❸❽ 鼻：オレンジ色のマジパンで小さい小豆形をつくる。顔の中央に横向きにつける。

❹❼ すぐにパータ・グラッセで黒眼を入れる。

❸❾ 口：マジパンスティックで口のラインをつける。マジパンスティックはU字を下向きにする。

❹❽ すぐにバタークリームで光彩を絞る。

❹⓿ 眼：眼のくぼみをやや縦長につける。

❹❶ 眉毛：眼のくぼみの上に眉毛のラインをつける。

Marzipan wonderland 135

Pâtissier

パティシエ

白色と紺色のマジパンをうまく組み合わせて
コックコートやエプロン、コック帽のパーツをまとわせれば、パティシエ像はできあがる。
あとは細かいディテールのつくり方次第で、
恰幅のいいベテランシェフも、女性パティシエールもつくることができる。
左ページのパティシエは、どう見えるだろうか。
イメージしたのは、未来のトップシェフをめざす若きパティシエ。
生き生きとした様子を表現するために
顔はあえて平らにせず、厚みのある横長な輪郭にし、
髪の毛は明るい色で毛先をピンピンと立たせて元気そうにした。
腕だけはプラスチックチョコレートでつくり、それが活発な動きを感じさせている。

 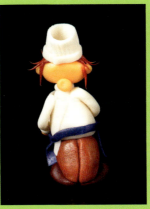 

パティシエ

材料：体長95㎜
- 白色＝マジパン
- 茶色＝マジパン＋ココア＋赤
- こげ茶色＝マジパン＋ココア＋赤
- 薄オレンジの肌色＝マジパン＋黄＋赤
- 明るい茶色＝マジパン＋ココア＋黄＋赤
- 紺色＝マジパン＋青＋花
- プラスチックチョコレート（ホワイト）
- バタークリーム、パータ・グラッセ

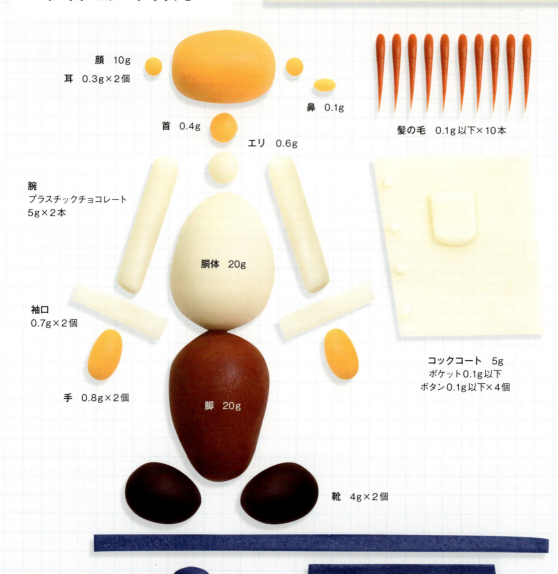

❶ 胴体と脚：白色のマジパンで涙形をつくる。両手のひらの間で軽く押して平らにする。

❷ 茶色のマジパンで涙形をつくり、両手のひらの間で軽く押して平らにする。両端は指で押して直線にする。

❸ 縦に筋を1周入れる。

❹ 白色のマジパンと茶色のマジパンの太い側をつけて形を整える。もっとも厚い部分の厚さは24㎜。

❺ 靴：こげ茶色のマジパンで小さい球を2個つくる。左手にのせ、端から1/3くらいのところを右手小指の側面で押してへこませる。

❻ へこませた部分にマジパンスティックを押しつけて形を整える。

❼ このような形になる。

❽ へこませた部分をマジパンスティックで押してくぼみをつける。

❾ 台上に左右の靴を外側に向かって開いて置き、上に胴体と脚をのせる。背面にセルクルをあてて安定させながら固定する。

❿ コックコート：白色のマジパンを麺棒で厚さ1.5㎜にのばす。ペティナイフで上辺43㎜×下辺40㎜×右辺と左辺各47㎜にカットする。左辺がボタンをつける前立てになる。

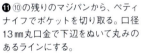
⓫ ❿の残りのマジパンから、ペティナイフでポケットを切り取る。口径13㎜丸口金で下辺をぬいて丸みのあるラインにする。

⓬ ❿の左胸の位置に、ポケットを貼りつける。ポケットの上部に横に筋を1本入れる。

⓭ 胴体の前面に巻きつける。

⓮ 白色のマジパンで小さい球をつくる。胴体の先端にのせ、マジパンスティックで押してくぼませる。

⓯ 正面に縦に筋を1本入れる。これでエリを表現している。

⓰ 胴体を台上に寝かせる。白色のマジパンでごく小さい球を4個つくり、前立てにつける。

⓱ エプロン：紺色のマジパンを麺棒で厚さ1.5mmにのばす。上辺50mm×下辺60mm×高さ40mmの台形にカットする。

⓲ 胴体の正面から巻きつける。

⓳ 余った紺色のマジパンを4mm×125mmにカットする。これはエプロンのヒモになる。

⓴ 背面からエプロンの上辺に巻きつける。

㉑ さらに余った紺色のマジパンを5mm×25mmに2枚カットする。

㉒ エプロンの正面、ヒモの上にリボンのように八の字につけ、マジパンスティックで押してよくつける。

㉓ 紺色のマジパンでリボンをつくる（つくり方はP29バニーのリボンと同様）。

㉔ ㉒の上につける。

㉕ 腕：プラスチックチョコレートを細長くのばし、さらに木板で転がしてきれいにのばす。

㉖ 長さ35mmに2本カットする。

㉗ 白色のマジパンを麺棒でのばし、6mm×27mmに2枚カットする。これを片端に巻く。これは袖口を表わしている。さらにヒジの位置の内側にシワの筋を入れる。

㉘ 袖口にマジパンスティックを差し込んで穴をあける。

㉙ 胴体の両肩につける。指でしっかりと押してつける。

㉚ 首：薄オレンジの肌色のマジパンで小豆形をつくり、エリの上に立ててつける。

㉛ 顔：薄オレンジの肌色のマジパンで球をつくり、ほぼ円筒状にする。

㉜ 鼻：薄オレンジの肌色のマジパンで小さい球をつくる。顔の中央につける。

㉝ 眼：眼のくぼみをやや縦長につける。

㉞ 眉毛：眼のくぼみの上に眉毛のラインをつける。

㉟ 耳：薄オレンジの肌色のマジパンで小さい球を2個つくる。顔の両側につけ、マジパンスティックで顔のほうに向かって押してつける。

㊹ 手のひら：右手、左手をつくる（→P167自然な形の手）。右手の手のひらにマジパンスティックを押しつけて取りあげ、そのまま右腕の先端につける。

㊱ さらにマジパンスティックで顔のほうに強く押し込んでつけながら、耳穴をくぼませる。

㊺ 同様にして左手のひらも左腕の先端につける。

㊲ 口：口のラインをつける。

㊻ コック帽：白色のマジパンを麺棒でのばし、23mm×90mmにカットする。筋模様をつける。

㊳ 髪の毛：明るい茶色のマジパンで小さい紡錘形を10本つくる。

㊼ 白色のマジパンを麺棒でのばし、7mm×90mmにカットする。㊻に貼りつける。

㊴ 先端を指先で軽く曲げて毛先の表情をだす。

㊽ 巻いて端をつける。余分はペティナイフでカットする。

㊵ 頭頂部の左右につける。正面からバランスを見ながら、左右、上部、下部につけていく。

㊾ 頭頂部にのせる。

㊶ 頭頂部はコック帽をかぶせるので髪の毛はつけず、後頭部にも髪の毛はつけない。髪の毛の本数が増えるとそれだけ顔の重量が重くなり、胴体にのせたあとの安定が悪くなるため。

㊿ 眼：バタークリームで白眼を絞り入れる。

㊷ 胴体に顔をのせる。

㉛ すぐにパータ・グラッセで黒眼を入れる。

㊸ 薄オレンジの肌色のマジパンを直径5mmに丸めて顔の後ろにのせて支えにし、マジパンスティックで後ろから押してつける。支えを指で押さえながら、眼のくぼみをマジパンスティックで押して顔を固定する。

㉜ すぐにバタークリームで光彩を絞る。

Marzipan wonderland 141

Santa Claus

サンタクロース（シンプル）

いかにも"サンタさん"と呼びたくなるようなシンプルなサンタ、
おじいさんとしてよりリアルに表現したサンタ。
2つのタイプのサンタクロースのつくり方を紹介する。
サンタクロースのマジパン細工の用途は多いが、
デコレーションケーキにのっていてかわいいのは、シンプルなサンタ。
リアルなサンタはサイズも少し大きめで、
どちらかというとディスプレイ向きだ。
赤いコートと帽子がシンボルの同じ対象でも、
デフォルメの手法によって
まったく違う雰囲気になることをわかってもらえるだろう。

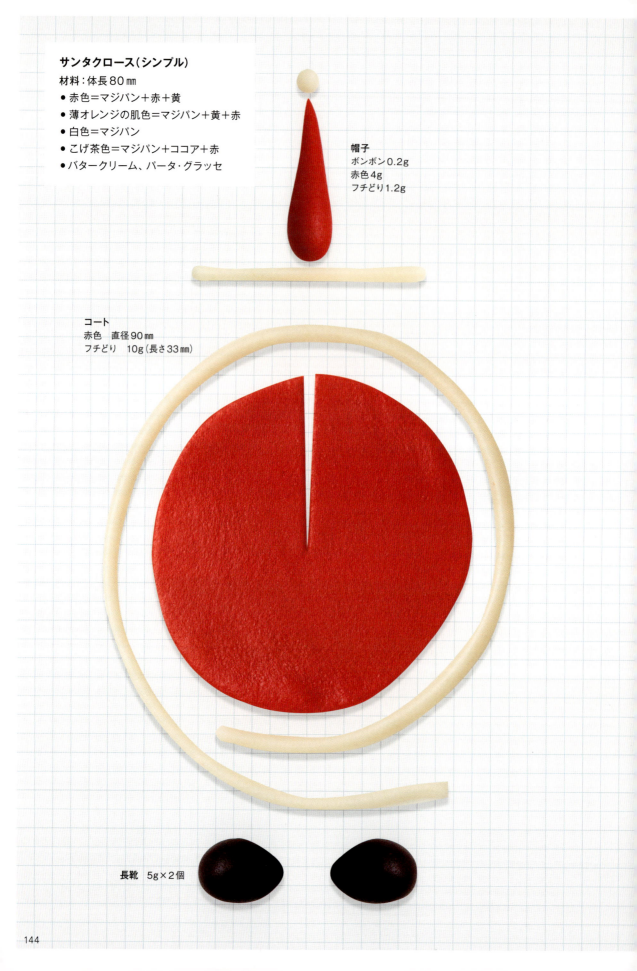

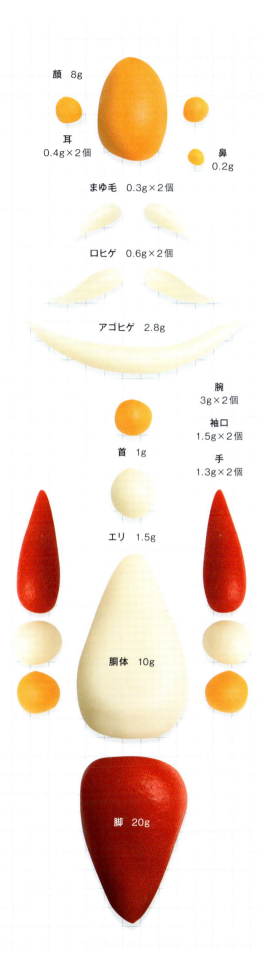

顔 8g
耳 0.4g×2個
鼻 0.2g
まゆ毛 0.3g×2個
ロヒゲ 0.6g×2個
アゴヒゲ 2.8g
腕 3g×2個
袖口 1.5g×2個
首 1g
手 1.3g×2個
エリ 1.5g
胴体 10g
脚 20g

❶ 胴体と脚：白色のマジパンで涙形をつくる。

❷ 赤色のマジパンで涙形をつくり、先端を指で押して平らにする。縦に筋を1本入れる。

❸ 白色のマジパンと赤色のマジパンのそれぞれ太いほうを合わせてつける。白色のマジパンの先端が首、赤色のマジパンの先端がズボンの裾となる。もっとも厚い部分の厚さは21mm。

❹ 長靴：こげ茶色のマジパンで球を2個つくる。左の手のひらにのせ、端から1/3くらいのところを右手小指の側面で軽く押してへこませる。

❺ その部分をマジパンスティックで押してへこませる。

❻ へこませた部分をマジパンスティックで押してくぼみをつくる。

❼ 台上に長靴を足先を開いて置き、その上に胴体と脚を立てる。後ろにセルクルをあてて安定させながら固定する。

❽ コート：赤色のマジパンを麺棒で厚さ2mmにのばし（手粉として必要に応じてコーンスターチを使用する）、直径9cmセルクルでぬく。ペティナイフで中心から切り目を1本入れる。

❾ 切り目がコートの前立てになるように、胴体の背面から巻きつける。自然なラインでゆったりとさせる。

Marzipan wonderland

❿ 白色のマジパンを細長くのばし、さらに木板で転がしてきれいにのばす。長さは33cm。先端をコートの前立ての上端につけ、前立てから裾に自然に巻きつける。

⓳ 顔：薄オレンジの肌色のマジパンで球をつくる。左の手のひらにのせ、右から⅔くらいのところを右手の小指の側面で押してへこませる。指先でへこませた部分を少し細長くのばしながら、形を整える。

⓫ このようにコートの自然なラインに沿わせて、フチどりをつける。

⓴ 眼：マジパンスティックを頭頂のほうから縦にあて、眼のくぼみを縦長につける。

⓬ 白色のマジパンで小さい球をつくる。胴体の先端につけ、マジパンスティックで押してくぼませる。これはエリになる。

㉑ さらにマジパンスティックで形を整える。

⓭ 腕：赤色のマジパンで涙形を2個つくる。白色のマジパンで小さい球を2個つくり、指で少し押してつぶして赤色のマジパンの太いほうの先端につける。

㉒ 耳：オレンジ色のマジパンで小さい球を2個つくる。顔の左右両側につけ、マジパンスティックで顔に向かって強めに押してくっつける。

⓮ 白いマジパン部分にマジパンスティックを1cmくらい差し込んで穴をあける。

㉓ さらにマジパンスティックで顔に向かって押し、しっかりとくっつけながら耳穴をくぼませる。

⓯ 胴体の右側につける。同様にして左腕もつける。

㉔ 眼の下に顔のたるみのラインをつける。

⓰ ヒジの位置にシワの筋を入れる。

㉕ 鼻：薄オレンジの肌色のマジパンで小さい小豆形をつくる。顔に立ててつける。

⓱ 手のひら：薄オレンジの肌色のマジパンで手をつくる（→P167 自然な形の手）。手のひらにマジパンスティックを押しつけて取りあげ、そのまま両腕の先端に押し込んでつける。

⓲ 薄オレンジの肌色のマジパンで小さい小豆形をつくる。エリの上に立ててつける。

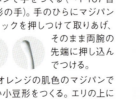

㉖ 眉毛：白色のマジパンで小さい涙形を2個つくる。眼のくぼみの上に、先端を外向きにしてつける。

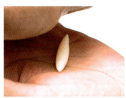

㉗ アゴヒゲ：白色のマジパンを細長くのばし、両端は細くする。手のひらの中央のくぼみと、親指と小指のつけ根のふくらんだ部分をうまく生かして転がすと、両端をきれいに細くしながらのばすことができる。

㉘ 顔の下部に巻きつける。両端は耳の前につける。

㉙ 口ヒゲ：白色のマジパンで小さい涙形を2個つくる。

㉚ 先端を指先で曲げ、鼻の下につける。

㉛ 口：口ヒゲの下に口の穴をあける。

㉜ 胴体に顔をのせる。薄オレンジの肌色のマジパンを直径5mmに丸めて顔の後ろにのせて支えにし、マジパンスティックで後ろから押してつける。支えのところを指で押さえながら、眼のくぼみをマジパンスティックで押して顔を固定する。

㉝ 帽子：赤色のマジパンで涙形をつくる。

㉞ 太いほうの先端にマジパンスティックを差し込み、穴を少しずつ広げる。

㉟ 穴を広げながら、奥まで空洞にする。マジパン細工はパーツが重すぎると全体の負荷になり形状を維持できなくなるので、空洞にして帽子を軽くしているのがポイント。

㊱ 手で帽子の形に整え、頭頂部にのせる。

㊲ 白色のマジパンを細長くのばし、さらに木板で転がしてきれいにのばす。帽子のフチに巻きつける。

㊳ 白色のマジパンで小さい球をつくり、先端につける。

㊴ 眼：バタークリームで白眼を絞り入れる。

㊵ すぐにパータ・グラッセで黒眼を入れる。

㊶ すぐにバタークリームで光彩を絞る。

Marzipan wonderland 147

Santa Claus

サンタクロース（リアル）

マジパン細工のなかでは特殊で、
胴体、腕、脚をプラスチックチョコレートでつくり、体の軸をしっかりとさせる。
あたかも骨格があるかのような体のラインをつくることができ、
座ったり、ヒザやヒジを曲げたり、脚を広げたり組んだりといったポーズもとれる。
動きのあるポーズをとると、そのまわりに空間もでき、
通常のマジパン細工ではだせないドラマチックな空気感が生まれる。
同じ造形をマジパンだけでつくることも可能だが、プラスチックチョコレートと
同じ耐久性にするためには、1パーツを組み立てるごとにマジパンが固まるまで
時間をあけなければならないので、かなりの時間を要することになる。
このプラスチックチョコレートの手法はコンクールでは使えないが、実践的なテクニックだ。
他に魔女（P154）、新郎新婦（P160）でもプラスチックチョコレートを使っている。

帽子
ボンボン0.2g
赤色4g
フチどり2g

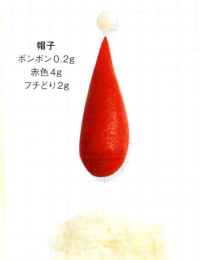

眉毛、髪の毛、ヒゲ
適量

顔　8g
耳　0.5g×2個
鼻　0.3g
首　0.7g
エリ　2g

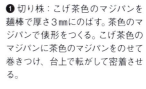
❶ 切り株：こげ茶色のマジパンを麺棒で厚さ3mmにのばす。茶色のマジパンで俵形をつくる。こげ茶色のマジパンに茶色のマジパンをのせて巻きつけ、台上で転がして密着させる。

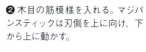
❷ 木目の筋模様を入れる。マジパンスティックは刃側を上に向け、下から上に動かす。

❸ 上面に直径30mmのぬき型、口径12mm、8mmの丸口金の元側（絞りだす側でないほう）を順に押しつけて年輪をつける。

❹ 脚：まずプラスチックチョコレートを手で練って扱いやすい硬さにする（手粉として必要に応じてコーンスターチを使用する）。台上で細長くのばし、さらに木板で転がしてきれいにのばす。これを2本つくる。

❺ 赤色のマジパンを麺棒で厚さ2mm、幅65mmにのばす（手粉として必要に応じてコーンスターチを使用する）。脚を置いてひと巻きし、余分をペティナイフでカットする。

❻ 指でつまんでマジパンの両端をつける。

❼ ヒザの裏にあたるところにズボンのシワの筋を入れる。

❽ 切り株の上に両脚を少し開くようにのせ、マジパンスティックで押して固定する。

❾ 長靴：こげ茶色のマジパンで小さい球を2個つくる。左手にのせ、端から1/3くらいのところを右手の小指の側面で押してへこませる。

❿ へこませた部分を指でのばして長靴の形にする。

⓫ 前面に靴ヒモの模様を縦に2本、横に6本入れる。

⓬ 両脚の先端につける。ズボンの裾にシワの筋を入れる。

⓭ 胴体：赤色のマジパンを麺棒で幅40mmにのばす。プラスチックチョコレートを円柱形にし、赤色のマジパンにのせてひと巻きする。上下に余った赤色のマジパンはプラスチックチョコレートを包むように折る。

⓮ 両脚の上に立てて置く。全体のバランスを見て、脚の開き方やヒザの曲がり方を整える。

⓯ コート：白色のマジパンを細長くのばし、さらに木板で転がしてきれいにのばす。これを胴体下部の背面から回しつける。

⓰ この白色のマジパンがコートの裾を表現しているので、自然なラインをつける。

⓱ 白色のマジパンでごく小さい球を3個つくる。マジパンスティックでさして取りあげ、そのまま胴体の正面につける。

⓲ エリ：白色のマジパンで小さい球をつくる。胴体の上面にのせ、マジパンスティックで押してくぼませながらつける。

⓳ 首：薄オレンジの肌色のマジパンで小さい小豆形をつくる。エリの上に立ててつける。

⓴ 腕：④〜⑥と同様にして腕をつくる。赤色のマジパンは幅50mmにのばし、片端にマジパンを余らせて巻く。

㉑ 余らせた部分を押しつぶし、腕を胴体の左右両側につける。ヒジにあたる部分を少し曲げて動きをだし、この部分にシワの筋を入れる。腕の先端はヒザの上にのせ、あとで手のひらをつけるので正面を向ける。

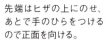

㉒ 白色のマジパンで小さい球をつくる。両腕の先端につけ、マジパンスティックで押して少しくぼませながらつける。これは袖口。

㉓ さらにマジパンスティックで押して穴をあける。

㉔ 手のひら：薄オレンジの肌色のマジパンで手をつくる（→P167自然な形の手、ピースサイン）。右手は自然な形、左手はピースサインにする。手のひらにマジパンスティックを押しつけて取りあげ、そのまま各腕の先端に押し込んでつける。

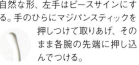

㉕ 顔：薄オレンジの肌色のマジパンで球をつくる。左の手のひらにのせ、右から2/3くらいのところを右手の小指の側面で押してへこませる。その部分を少し細長くのばしながら形を整える。

㉖ 眼：マジパンスティックを頭頂のほうから縦にあて、眼のくぼみを縦長につける。

㉗ さらにマジパンスティックで形を整える。

㉘ 耳：薄オレンジの肌色のマジパンで小さい球を2個つくる。顔の左右両側につけ、マジパンスティックで顔に向かって強めに押してくっつける。さらにマジパンスティックで顔に向かって押し、しっかりとくっつけながら耳穴をくぼませる。

㉙ 眼のくぼみの下に顔のたるみのラインをつける。

㉚ 鼻：オレンジ色のマジパンで小さい小豆形をつくる。顔に立ててつける。

㉛ 額：横にシワの筋を3本入れる。

㉜ 眼のくぼみをさらに大きくしながら、眼の下にたるみをつくる。

㉝ 眉毛：白色のマジパンを油こしに強く押しつける。裏側にでたマジパンをマジパンスティックでこそげ取る。

㉞ 眉毛の位置につける。

㉟ 口ヒゲ：㉝と同様にして鼻の両側にもつける。

㊱ 口：口ヒゲの下に口の穴をあける。

㊲ 口の下をマジパンスティックで何度もなぞってアゴのたるみをつける。

㊳ アゴヒゲ：㉝と同様にしてアゴにもヒゲをつける。

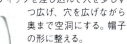

㊴ 胴体に顔をのせる。薄オレンジの肌色のマジパンを直径5mmに丸めて顔の後ろにのせて支えにし、マジパンスティックで後ろから押してつける。支えのところを指で押さえながら、眼のくぼみをマジパンスティックで押して顔を固定する。

㊵ 帽子：赤色のマジパンで涙形をつくる。太いほうの先端にマジパンスティックを差し込んで穴を少しずつ広げ、穴を広げながら奥まで空洞にする。帽子の形に整える。

㊶ 頭頂部にのせる。

㊷ 白色のマジパンを細長くのばし、さらに木板で転がしてきれいにのばす。帽子の縁に回しつける。白色のマジパンで小さい球をつくり、先端につける。

㊸ 眼：バタークリームで白眼を絞り入れる。

㊹ すぐにパータ・グラッセで黒眼を入れる。

㊺ すぐにバタークリームで光彩を絞る。

Marzipan wonderland

Witch

魔女

ハロウィンのカボチャの上に腰をおろし、
人懐っこそうにこちらを見る魔女。
肌色をにごらせ、手脚を木の枝のように細くし、
おばあさんの風情を醸しだしている。
カボチャと両脚の間や、マントと体の間の空間は、
胴体、脚、腕をプラスチックチョコレートでつくって
軸の強度をしっかりしているからこそ生みだせるものだ。
マントを紫色にしているのには意味がある。
カボチャのオレンジ色に対して、紫色は補色（反対色）の関係にあるので、
互いの色を引き立てあい、とても目立って印象に残る配色になるのだ。

魔女

材料：体長100㎜
- オレンジ色＝マジパン＋黄＋赤＋ココア
- 濃紫色＝マジパン＋花＋青＋赤＋ココア
- にごったオレンジ色＝マジパン＋黄＋赤＋ココア
- 茶色＝マジパン＋赤＋黄＋ココア
- 白色＝マジパン
- プラスチックチョコレート（ホワイト）パータ・グラッセ（ホワイト・接着用）
- バタークリーム、パータ・グラッセ

本
紙4g
表紙3.5g

袖
27㎜×37㎜　2枚

帽子
トップ3g
ツバ5g

腕、脚
プラスチックチョコレート20g
にごったオレンジ色のマジパン130㎜×30㎜

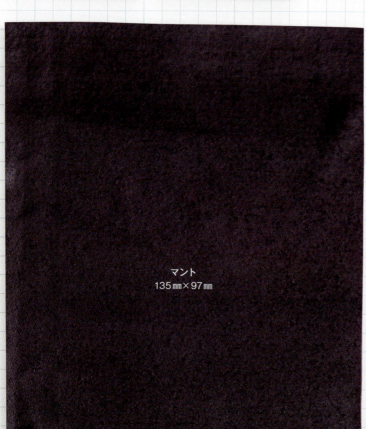

マント
135㎜×97㎜

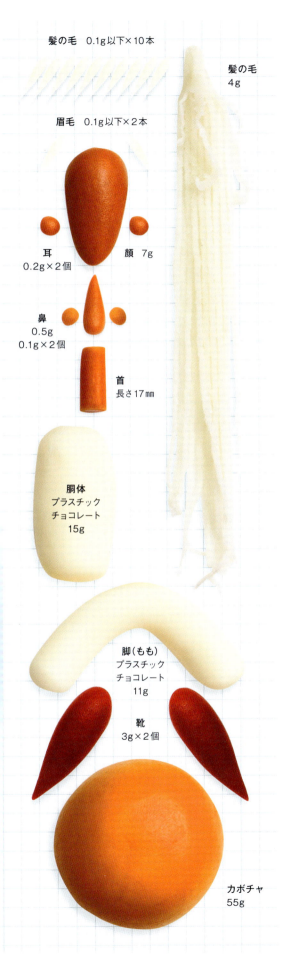

髪の毛　0.1g以下×10本

髪の毛　4g

眉毛　0.1g以下×2本

耳　0.2g×2個

顔　7g

鼻　0.5g
0.1g×2個

首　長さ17mm

胴体　プラスチックチョコレート　15g

脚（もも）　プラスチックチョコレート　11g

靴　3g×2個

カボチャ　55g

❶ カボチャ：オレンジ色のマジパンで球をつくる。マジパンスティックで押して上面にくぼみをつけてから、マジパンスティックで中央にあとをつける。

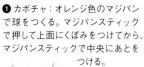

❷ 筋目をつける。まずマジパンスティックの先端を❶でつけたあとに合わせる。

❸ そのまま丸い形状に合わせてスティックを下まで押しつける。このマジパンスティックは柄のほうまで全体を使えるのが特徴である。

❹ 脚（もも）：プラスチックチョコレートを細長くのばす。なだらかに曲げて、中心をマジパンスティックで押してくぼませる。

❺ 胴体：プラスチックチョコレートを円柱形にする。片側に接着用の溶かしたパータ・グラッセ（ホワイト）を少量つける。

❻ 脚につけたくぼみにのせてつける。

❼ 脚の両端に大きめに穴をあける。

❽ 腕、脚：プラスチックチョコレートを細長くのばし、さらに木板で転がしてきれいにのばす。

❾ にごったオレンジ色のマジパンを麺棒で厚さ2mmにのばす（手粉として必要に応じてコーンスターチを使用する）。❽をのせてひと巻きし、余分をペティナイフでカットする。巻いた両端を指で押してきれいにつける。

Marzipan wonderland

❿ 台上で転がしてプラスチックチョコレートとマジパンをしっかりと密着させ、さらに木板で転がして長さ290mmにきれいにのばす。長さ100mmを2本分カットする。残りは腕として使う。

⓳ 細めにしたほうに右手の小指の側面をあててへこませる。細いほうがアゴになる。

⓫ ❿の片端に接着用のパータ・グラッセをつけ、⓻の穴に差し込んでつける。両脚は少し開くように整える。

⓴ 眼:マジパンスティックを頭頂のほうから縦向きにあて、眼のくぼみをつける。

⓬ マント:濃紫色のマジパンを麺棒で厚さ2mmにのばす。縦135mm×横97mmにカットする。

㉑ さらにくぼみの形を縦長に整える。

⓭ カボチャに⓫をのせる。⓬を胴体の背面側から回しかけ、自然なラインでまとわせる。エリ部分は胴体より15mm上に余らせる。右後ろにカボチャが見えるように裾を整える。

㉒ 眼のくぼみの下にたるみのラインを入れる。

⓮ 靴:茶色のマジパンで細長めの涙形を2個つくる。先端のほうを指先で曲げる。反対側をマジパンスティックでくぼませる。

㉓ 鼻:にごったオレンジ色のマジパンで長めの涙形をつくる。顔につける。

⓯ 全体のバランスを見ながら、脚をカットして長さを調整する。

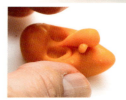

㉔ にごったオレンジ色のマジパンでごく小さい球を2個つくる。これを鼻の両側につけ、マジパンスティックを下からさして穴をあける。

㉕ 口:直径30mmのぬき型で口のラインをつける。

⓰ 靴のくぼませた部分に接着用としてパータ・グラッセをつけ、両脚の先端につける。つま先が上を向くようにする。

㉖ ラインに合わせてマジパンスティックを差し込んで上下させて口をあける。

⓱ 首:⓯でカットした余りを長さ17mmにカットする。片端に接着用にパータ・グラッセをつけ、胴体の先端に立ててつける。

㉗ 指先でつまんでアゴを細くし、マジパンスティックでなぞってアゴのたるみをつける。さらに口角にマジパンスティックでラインをつける。

⓲ 顔:にごったオレンジ色のマジパンで球をつくり、片側を細めにする。

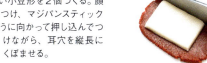

㉘ 耳：にごったオレンジ色のマジパンで小さい小豆形を2個つくる。顔の両側につけ、マジパンスティックで顔のほうに向かって押し込んでつけながら、耳穴を縦長にくぼませる。

㊲ 本：白色のマジパンを麺棒でのばして厚さ2mm、横30mm×縦22mmにカットする。茶色のマジパンを麺棒で厚さ1.5mmにのばし、白色のマジパンをのせる。茶色のマジパンを横35mm×縦22mmにカットする。

㉙ 額：額に横に筋を2本入れる。

㊳ 白色のマジパンの四辺の厚みにペティナイフで細かく筋を入れる。

㉚ 眉毛：白色のマジパンで長めの涙形を2個つくる。眼のくぼみの上に八の字につける。

㊴ 中心に本のとじ目の筋を1本入れる。

㉛ 腕：濃紫色のマジパンを麺棒でのばし、27mm×37mmを2枚カットする。⑩で残った分を半分にカットし、さらに細くのばす。これをそれぞれ濃紫色のマジパンの中央にのせ、ゆるめに折りたたむ。

㊵ 帽子：濃紫色のマジパンで涙形をつくる。太いほうにマジパンスティックを差し込んで穴を広げながら奥まで空洞をつくる。

㉜ マントの両肩の位置につけ、両腕の先端を体の正面で合わせるようにバランスを整える。

㊶ 濃紫色のマジパンを麺棒でのばし、直径50mmセルクルでぬく。ここに㊵を立ててつける。帽子の形に整える。

㉝ 胴体に顔をのせる。にごったオレンジ色のマジパンを直径5mmに丸めて顔の後ろにのせて支えにし、マジパンスティックで後ろから押してつける。支えを押さえ、眼のくぼみをマジパンスティックで押して顔を固定する。

㊷ 腕の両端に本を折りたたんでのせる。頭部に帽子をつける。

㉞ 髪の毛：白色のマジパンでごく小さい紡錘形を10本つくる。先端を指先で少し曲げて毛先の表情をつけ、頭頂部にバランスをみながらつける。

㊸ 眼：バタークリームで白眼を絞り入れる。

㉟ 白色のマジパンをクレイガン（粘土細工用のツール：ダイス直径1.5mm）に入れて押しだす。

㊹ すぐにパータ・グラッセで黒眼を入れる。

㊱ 絞りだした部分を取り、左側の後頭部につける。

㊺ すぐにバタークリームで光彩を絞る。

Marzipan wonderland 159

Bride & Groom

新郎新婦

パティスリーとして活用するシチュエーションが一番多いのが、ウエディングのマジパン細工。
ここで紹介するのは、プラスチックチョコレートを使ったデフォルメだ。
新婦のウエディングドレスはフリルが風にふわりと吹かれているようで、
新郎の燕尾服のエリや裾、ズボンなどもリアルに表現している。
このような細かいディテールは、マジパンよりもプラスチックチョコレートのほうが
しっかりと形をつくり、その形を維持することができる。
背の高い新郎がスマートに立っている造形も、プラスチックチョコレートを使うからできることだ。

新郎
材料：体長153㎜
- 薄オレンジの肌色＝マジパン＋黄＋赤
- 茶色＝薄オレンジ色のマジパン＋ココア＋赤＋黄
- プラスチックチョコレート（ホワイト）
  パータ・グラッセ（ホワイト・接着用）
- バタークリーム、パータ・グラッセ
- ブラックチョコレート（台座）

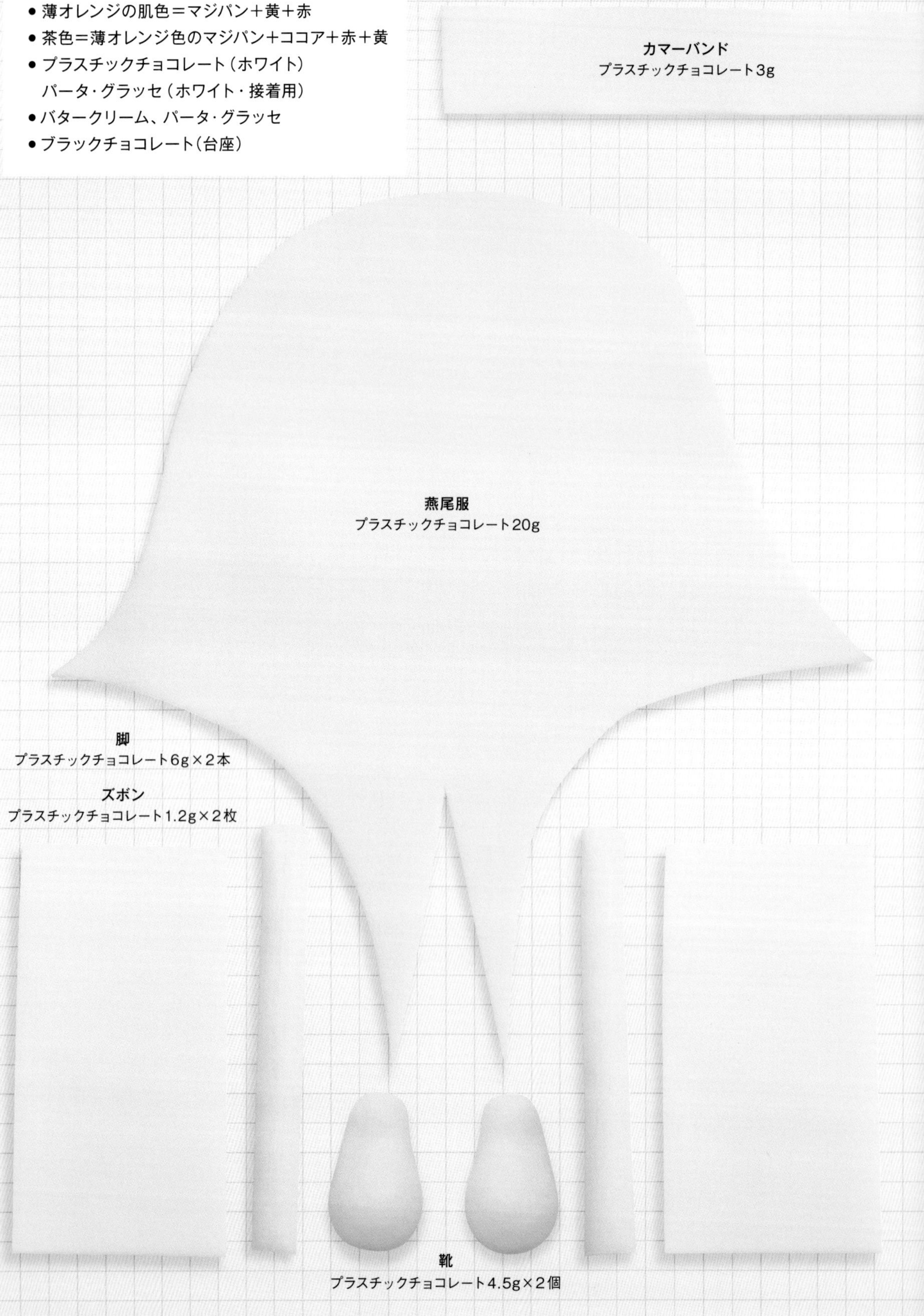

カマーバンド
プラスチックチョコレート3g

燕尾服
プラスチックチョコレート20g

脚
プラスチックチョコレート6g×2本

ズボン
プラスチックチョコレート1.2g×2枚

靴
プラスチックチョコレート4.5g×2個

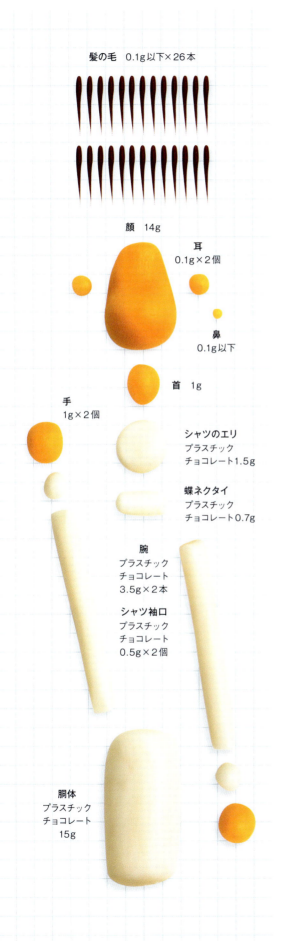

髪の毛　0.1g以下×26本

顔　14g

耳　0.1g×2個

鼻　0.1g以下

首　1g

手　1g×2個

シャツのエリ
プラスチックチョコレート1.5g

蝶ネクタイ
プラスチックチョコレート0.7g

腕
プラスチックチョコレート3.5g×2本

シャツ袖口
プラスチックチョコレート0.5g×2個

胴体
プラスチックチョコレート15g

❶ 脚：プラスチックチョコレートを細長くのばし、さらに木板で転がしてきれいにのばす（手粉として必要に応じてコーンスターチを使用する）。

❷ 長さ75mmを2本カットする。残りは腕に使う。

❸ プラスチックチョコレートを麺棒で厚さ1.5mmにのばす。

❹ ②を置いて軽くひと巻きする。

❺ 余分はペティナイフでカットする。

❻ プラスチックチョコレートの両端を指で押してきれいにつける。

❼ ヒジの位置の内側にシワのラインをつけ、ズボンの自然なシェイプをつくる。

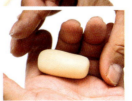

❽ 胴体：プラスチックチョコレートで円筒形をつくる。

❾ 縦に筋模様を7本入れる。

Marzipan wonderland

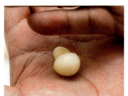
❿ 靴：プラスチックチョコレートで小さい球を2個つくる。左手のひらにのせ、中央より少し右側を右手小指の側面で押してへこませる。

⓫ へこませた部分にマジパンスティックでくぼみをつける。

⓬ くぼみに接着用の溶かしたパータ・グラッセ(ホワイト)を少量つけ、脚を差し込んでつける。

⓭ 両脚をバランスを見ながら、少し開きぎみに立てる。

⓮ 胴体の片側に接着用のパータ・グラッセをつけ、両脚の上につける。安定しにくい場合は、後ろにプリンカップかセルクルをあてて支えながら固定する。プリンカップは必要な高さに応じて重ねられるので使い勝手がいい。

⓯ カマーバンド：プラスチックチョコレートを麺棒でのばし、85mm×19mmにカットする。横長に筋を4本入れる。

⓰ 裏側の片端に接着用のパータ・グラッセをつけ、胴体と脚の接着面に正面から回しつける。

⓱ 燕尾服：プラスチックチョコレートを麺棒で厚さ1.5mmにのばす。ペティナイフで燕尾服の形にカットする。

⓲ 胴体の背面に接着用のパータ・グラッセをつけ、⓱を背面から回しつける。

⓳ エリや裾のラインを整える。

⓴ ハサミでエリにV字の切り込みを入れる。

㉑ シャツのエリ：プラスチックチョコレートで小さい球をつくり、マジパンスティックで押して少しへこませる。胴体の上部につける。

㉒ 正面に縦に筋を1本入れる。

㉓ 蝶ネクタイ：プラスチックチョコレートでリボンをつくる(つくり方はP29バニーのリボンと同様)。

㉔ シャツのエリの正面に接着用のパータ・グラッセをつけ、蝶ネクタイをつける。

㉕ 燕尾服の左右の腕のつけ根の位置に、マジパンスティックで穴をあける。

㉖ 腕：②の残りのプラスチックチョコレートをさらに細長くのばし、半分にカットする。

㉟ 顔：薄オレンジの肌色のマジパンで球をつくる。左手のひらにのせ、中央より少し右側を右手小指の側面で押してへこませる。

㉗ 片端にマジパンスティックを差し込み、穴を少し広げる。これは燕尾服の袖口になる。

㊱ へこませた部分が頭頂のほうになる。さらに指で形を整える。

㉘ プラスチックチョコレートで小さい小豆形を2個つくる。袖口にはめる。これはシャツの袖口になる。

㊲ 眼：頭頂から縦向きにマジパンスティックで押して眼のくぼみをつける。

㉙ 先端にマジパンスティックで穴をあける。

㊳ さらにくぼみの形を縦長に整える。

㉚ 腕のつけ根の穴に接着用のパータ・グラッセをつけ、両腕をしっかりとつける。左腕は体の前でヒジを少し曲げている形に。

㊴ 鼻：薄オレンジの肌色のマジパンでごく小さい球をつくる。顔につける。

㉛ 右腕は上に高くあげた形にする。

㊵ 耳：薄オレンジの肌色のマジパンで小さい球を2個つくる。顔の両側につけ、マジパンスティックで顔のほうに押しつける。

㉜ 右手：右手をつくる。右手はピースサインの形にする（つくり方はP167ピースサインと同様）。手のひらにマジパンスティックを押しつけて取りあげ、そのまま右腕の袖口につける。

㉝ ピースサインの指の形に整える。

㊶ さらにマジパンスティックで顔のほうに向かって押しつけながら、耳穴をくぼませる。

㊷ 口：口のラインをつける。

㉞ 首：薄オレンジの肌色のマジパンで小さい小豆形をつくる。シャツのエリの上に立ててつける。

㊸ 眉毛：眼のくぼみの上に眉毛のラインをつける。

Marzipan wonderland 165

㊹ 髪の毛：茶色のマジパンでごく細い紡錘形を26本つくる。

㊶ 左手：左手をつくる（つくり方はP167自然な形の手と同様）。左手は自然に開いている形にする。マジパンスティックの先端を手のひらに押しつけて取りあげ、そのまま左腕の袖口につける。

㊺ 先端を曲げて毛先の表情をだす。

㊻ 頭頂部にバランスをみながらつけていく。

㊼ 何本も重ねてつけることによって、髪の毛に立体感がでる。

㊷ 眼：バタークリームで白眼を絞り入れる。

㊸ すぐにパータ・グラッセで黒眼を入れる。

㊹ すぐにバタークリームで光彩を絞る。

㊽ 胴体に顔をのせる。

㊺ 台座：チョコレートをテンパリングし、フィルムシートでつくったパイプに入れる。フィルムシートを敷いたバットに直径50mmに絞りだし、バットを軽く台に打ちつけて平らにする。これで直径約65mmになる。

㊾ 薄オレンジの肌色のマジパンを直径5mmに丸めて顔の後ろにのせて支えにし、マジパンスティックで後ろから押してつける。

㊻ 固まりかけたら、新郎を立てる。背が高いので安定させるために台座に立てている。チョコレートは用途の背景に合わせてホワイトにしてもいい。

㊿ 支えのところを指で押さえながら、眼のくぼみをマジパンスティックで押して顔を固定する。首の向きなどバランスを確認する。

エモーショナルな手のひら

人物の手のひらも球からつくる。よく使うシェイプのつくり方を紹介する。

【手のひらの基本】

❶ マジパンで小さい球をつくり、左手のひらに置く。

❷ 半分より少し右側に、右手の小指の右側側面をあてる。第1、2関節の間を使って軽く転がし、右側を細くする。

❸ このような形にする。

❹ 太いほうを親指で押して平たくする。ここまでは右手も左手も共通のプロセス。

❺ 細いほうを折り曲げる。細いほうは親指、太いほうが他4本の指になる。以降は手の形によってプロセスが変わる。
● この写真は左手。裏返せば右手になる。

自然な形の手

❶ 左手をつくる。手のひらの形をつくったあと、太いほうに筋を3本入れる。切り離さないように。

❷ 指先のほうに丸みがでるように整える。

❸ 手のひらの部分をマジパンスティックで押して自然なラインにへこませる。
● 右手をつくる場合：指の位置が入れかわるが作業は同じ。

開いた手（右手）

❶ 手のひらの形をつくったあと、ペティナイフで太いほうに3本切り目を入れる。

❷ 切り目に合わせて指を開きながら、指先のほうに丸みがでるように整える。
● 左手をつくる場合：指の位置は入れかわるが作業は同じ。

ピースサイン（右手）

❶ 手のひらの形をつくったあと、ペティナイフで太いほうに2本切り目を入れる。薬指と小指は切り離さないので、等間隔ではなく親指のほうから人さし指、中指、薬指と小指の2本分になるように入れる。

❷ 薬指と小指の2本分を手のひらのほうに折り曲げる。

❸ 薬指と小指の間に筋を入れる。指先のほうに丸みがでるように整える。

❹ 親指を曲げる。

❺ 全体の形を整える。

Marzipan wonderland 167

ブーケ
ホワイトチョコレート2g
緑色0.1g以下×15本
薄ピンク色0.1g以下×4枚
赤色0.1g以下×3枚
白色0.1g以下×3枚
紫色0.1g以下×6本

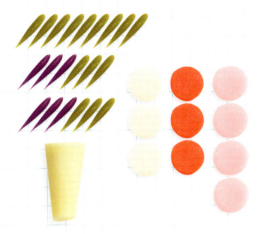

ウエディングドレス
プラスチックチョコレート

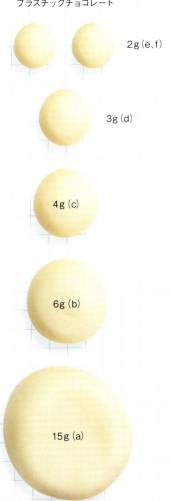

❶ ウエディングドレス：プラスチックチョコレートを麺棒で厚さ1.5mmにのばす（手粉として必要に応じてコーンスターチを使用する）。

❷ 直径97mm（A）、80mm（B）、71mm（C）、52mm（D）、46mm（E）、38mm（F）のぬき型で各1枚ずつぬく。別に㉕でドレープとして使うために、直径38mmぬき型でもう1枚ぬく。

❸ それぞれの縁にマジパンスティックで斜めにヒダのラインをつける。このラインを入れることで、ドレスのフリルの軽やかさを表現している。

❹ 15g（a）、6g（b）、4g（c）、3g（d）を各1個、2g（e、f）を2個ずつプラスチックチョコレートを丸める。台上にaを置き、上から押して少し平らにする。この上にAをかぶせる。

❺ 裾を波打たせてドレスが風に吹かれているニュアンスをだす。

❻ bを指で押して少し平らにし、上にのせる。

❼ Bをかぶせ、⑤と同様に裾のニュアンスをつける。

❽ このようになる。裾の間から軸のプラスチックチョコレートは見えないように。

❾ cを指で押して少し平らにし、上にのせる。

Marzipan wonderland

❿ Cをかぶせて同様にする。

⓫ dを指で押して少し平らにし、上にのせる。さらにマジパンスティックで少し押して平らにする。軸がしっかりしていないと倒れやすくなるので、マジパンスティックで押すときに中心に軸を通すつもりでバランスを整える。

⓬ Dをかぶせて同様にする。

⓭ eを指で押して少し平らにし、上にのせる。Eをかぶせて同様にする。

⓮ fを指で押して少し平らにし、上にのせる。

⓯ Fをかぶせて同様にし、中心をマジパンスティックで押して少しくぼませる。

⓰ 胴体：プラスチックチョコレートで球をつくり、円筒形にする。片端は細めにする。細めにした側に接着用の溶かしたパータ・グラッセ（ホワイト）を少量つけ、ドレスの一番上に立ててつける。

⓱ ドレスリボン：プラスチックチョコレートを麺棒で厚さ1.5mmにのばす。木板をあててペティナイフで幅8mmにカットする。長さ133mmを2本、116mmを2本、40mmを1本とる。

⓲ 長さ133mmにカットした2本をマジパンスティック（先端が細くなっているものを使用）に斜めに巻きつける。

⓳ 長さ40mmにカットした1本を使い、楕円形の輪を4個つくる。

⓴ ⓲、⓳をバットにのせ、マジパンスティックの柄のほうに長さ116mmにカットした2本をのせてウェーブのラインをつける。しばらくおいてしっかりと固める（折れたりしやすいので多めにつくっておくといい）。

㉑ ウエストリボン：プラスチックチョコレートを麺棒でのばし、7mm×75mmにカットする。胴体下部に正面から巻きつける。

㉒ 背面で交差させ、余分をハサミで逆V字形にカットする。交差するところに接着用のパータ・グラッセをつけてとめる。

㉓ 腕：薄オレンジの肌色のマジパンを細長くのばし、木板で転がしてさらにきれいにのばす。

㉔ 輪状にし、胴体の先端に回しつける。マジパンスティックで押して両端をつける。

㉕ ドレープ：②で使っていない1枚の縁にマジパンスティックで斜めにヒダのラインをつける。

㉖ 腕の両端をつけた上に接着用のパータ・グラッセをつけ、ドレープをかぶせる。

㉗ マジパンスティックで押してしっかりつける。

㉘ 首:薄オレンジの肌色のマジパンで小さい小豆形をつくる。ドレープの上に立ててつける。

㉙ 顔:薄オレンジの肌色のマジパンで球をつくる。左手のひらにのせ、中心より少し右側を右手小指の側面で押してへこませる。

㉚ 女性らしさを表現するため、新郎よりも小さい顔にしている。

㉛ 眼:頭頂から縦向きにマジパンスティックで押して眼のくぼみをつける。

㉜ さらにくぼみの形を縦長に整える。

㉝ 鼻:薄オレンジの肌色のマジパンでごく小さい球をつくる。顔につける。

㉞ 耳:薄オレンジの肌色のマジパンで小さい球を2個つくる。顔の両側につけ、マジパンスティックで顔のほうに押しつける。

㉟ さらにマジパンスティックで顔のほうに押しつけながら、耳穴をくぼませる。

㊱ 眉毛:眼のくぼみの上に眉毛のラインをつける。

㊲ 口:口の穴をあける。

㊳ 髪の毛:茶色のマジパンでごく細い紡錘形を15本つくる。先端を曲げて毛先の表情をだす。

㊴ 頭頂部にバランスを見ながらつけていく。新郎と同様、何本も重ねてつけることによって髪の毛に立体感がでる。

㊵ 胴体に顔をのせる。

㊶ 薄オレンジの肌色のマジパンを直径5mmに丸めて顔の後ろにのせて支えにし、マジパンスティックで後ろから押してつける。

㊷ 支えのところを指で押さえながら、眼のくぼみをマジパンスティックで押して顔を固定する。バランスを整える。

㊸ 帽子:プラスチックチョコレートを麺棒でのばし、直径46mmのぬき型でぬいてツバをつくる。頭頂部に接着用のパータ・グラッセをつけ、ツバをつける。

Marzipan wonderland 171

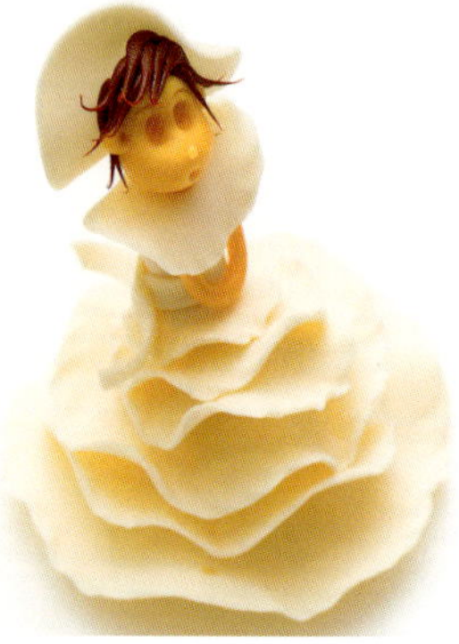

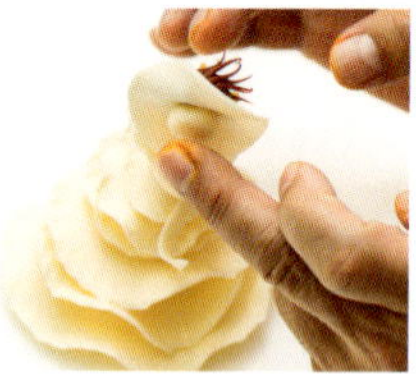

㊹ プラスチックチョコレートで小さい球をつくり、指で押して少し平らにする。接着用のパータ・グラッセをつけ、ツバの後頭部につける。

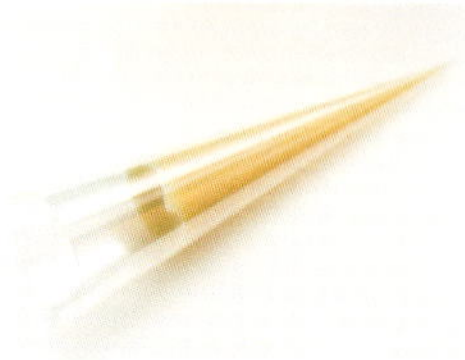

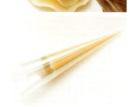

㊺ ブーケ：ホワイトチョコレートをフィルムシートでつくったパイプに少量流し入れ、そのまま固める。

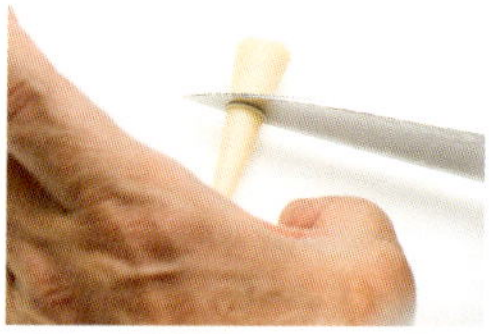

㊻ フィルムシートをはがし、ペティナイフをお湯につけて温め、細い先端から長さ20㎜でカットする。

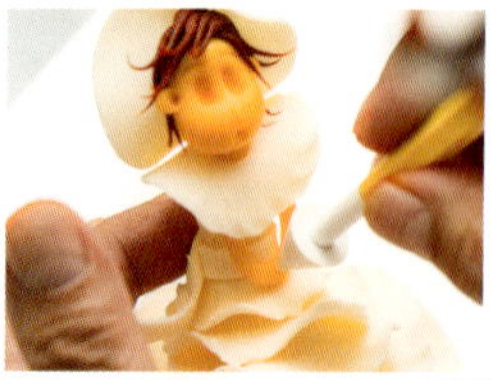

㊼ 腕の正面をマジパンスティックでくぼませる。

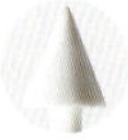

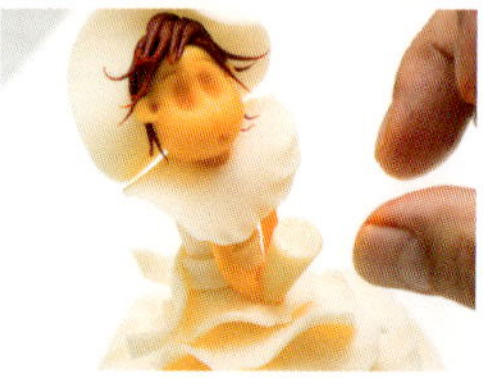

㊽ くぼみに接着用のパータ・グラッセをつけ、ブーケをつける。

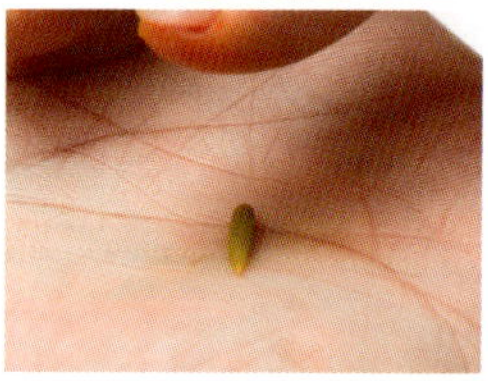

㊾ 緑色のマジパンでごく細い紡錘形を9本つくる。

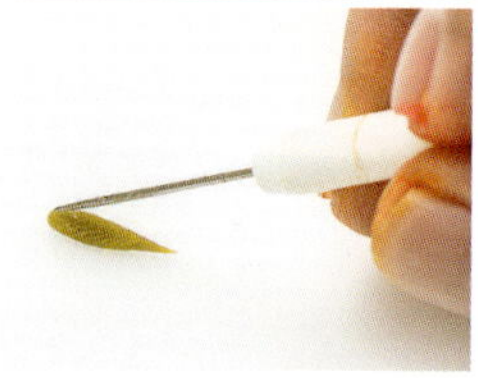

㊿ 太いほうをマジパンスティックでさして取りあげる。

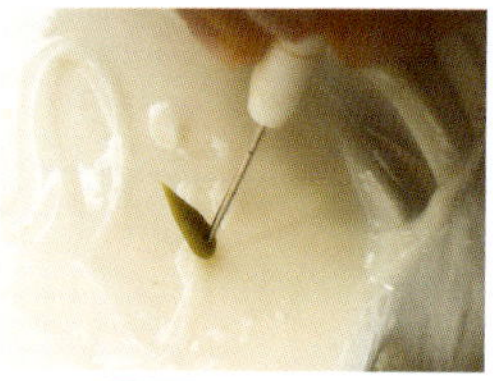

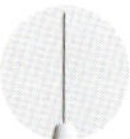

(51) そのまま太いほうに接着用のパータ・グラッセをごく少量つける。

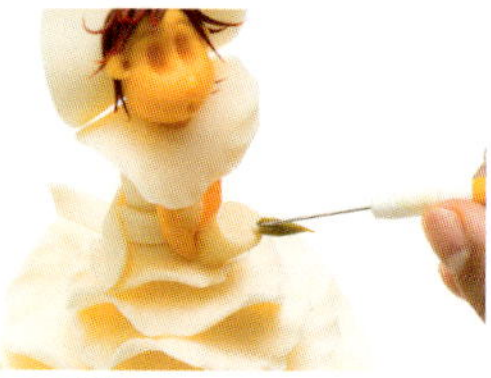

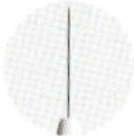

(52) ブーケにつける。

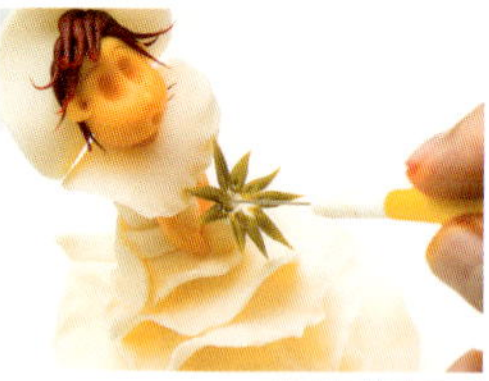

(53) このように均等につける。

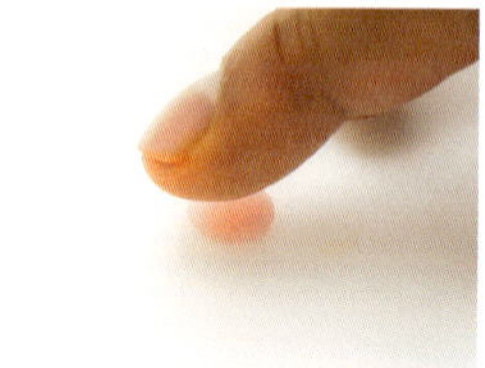

(54) 薄ピンク色のマジパンでごく小さい球を2個つくる。台上で指で押して薄い円形にする。

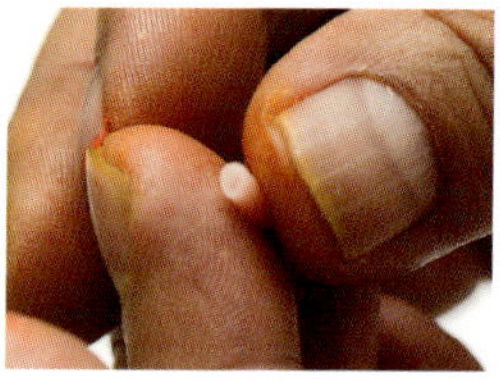

(55) 1枚をひと巻きし、根元を指先でつぶしてつける。

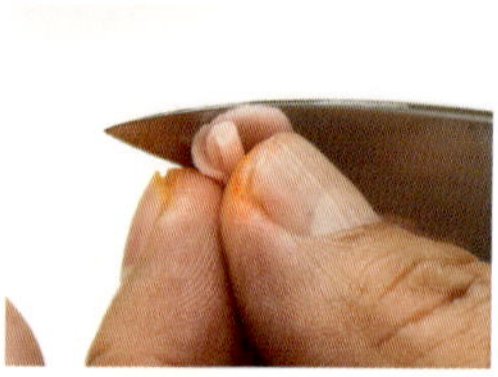

(56) もう1枚を巻きつける。根元をペティナイフでカットする。

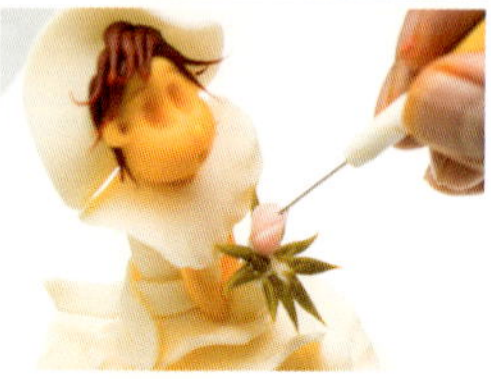

(57) マジパンスティックで芯をさし、そのまま接着用のパータ・グラッセをごく少量つけ、ブーケにつける。

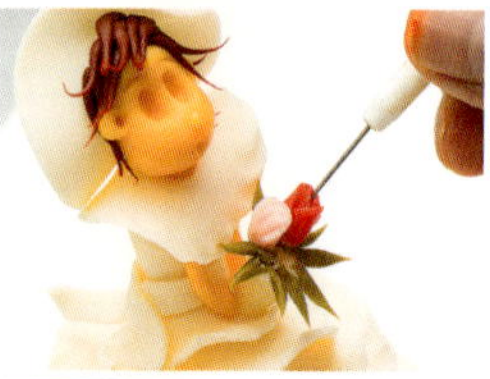

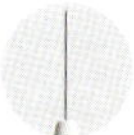

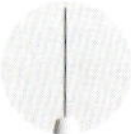

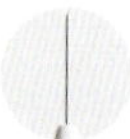

(58) 赤色のマジパンでごく小さい球を3個つくる。あとは(54)～(57)と同様にして花びら3枚の花をつくる。

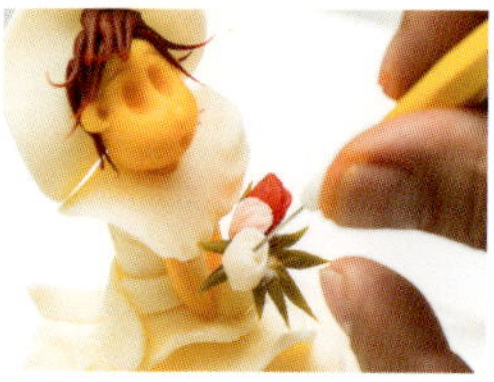

(59) 白色のマジパンでごく小さい球を3個つくる。あとは(54)～(57)同様にする。

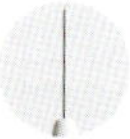

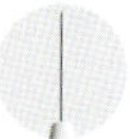

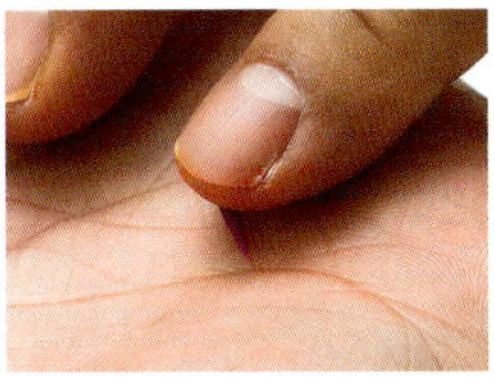

(60) 紫色のマジパンでごく細い紡錘形を3本つくる。

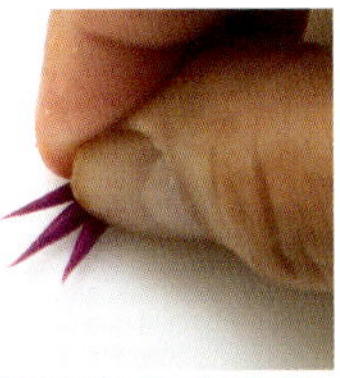

(61) 片側を重ねて3本をまとめる。

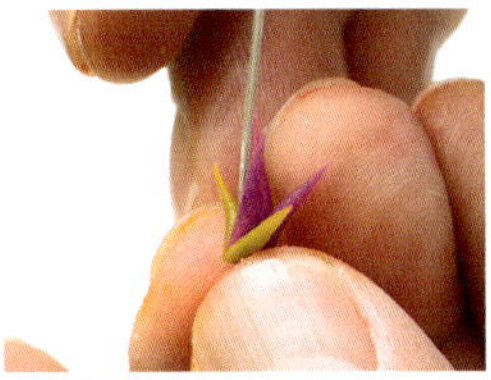

(62) 緑色のマジパンでごく細い紡錘形を3本つくり、(61)のまわりにつける。根元をペティナイフでカットする。

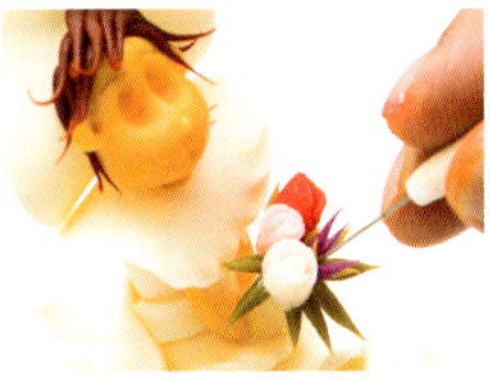

(63) マジパンスティックで芯をさし、そのまま接着用のパータ・グラッセをごく少量つけ、ブーケにつける。

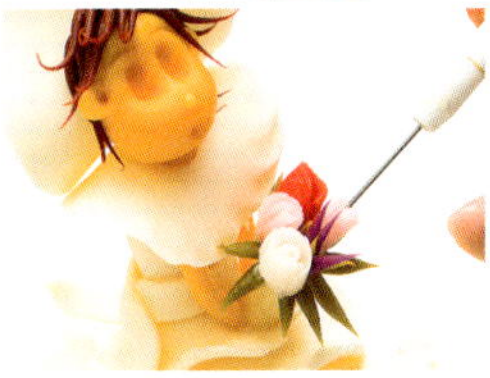

(64) (54)～(57)と同様にして薄ピンク色のマジパンで花をもう1つつくり、ブーケにつける。

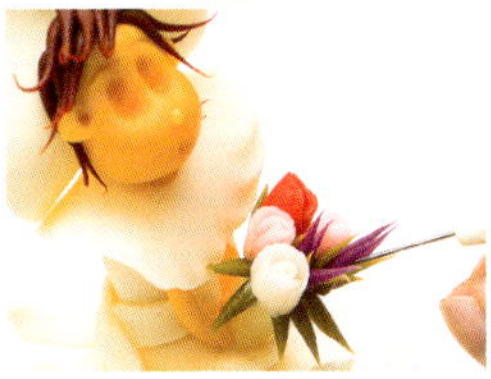

(65) (60)～(63)と同様にして紫色と緑色のマジパンで花をもう1つつくり、ブーケにつける。

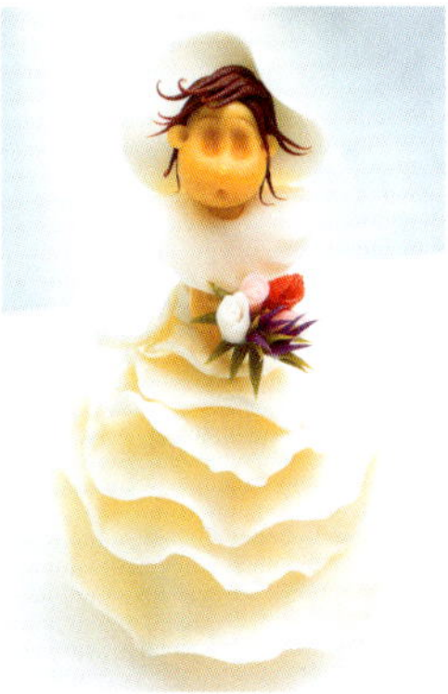

(66) ドレスリボン：⑳のマジパンスティックを抜き取る。

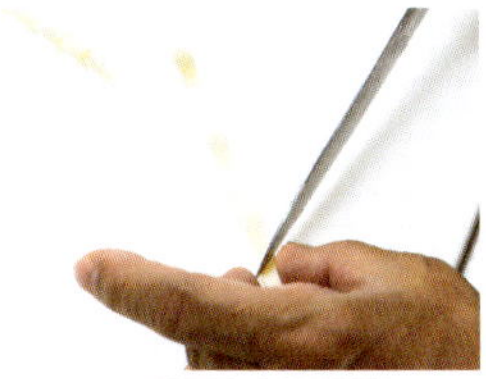

(67) ウェーブ状にしたものは適度な長さにカットする。

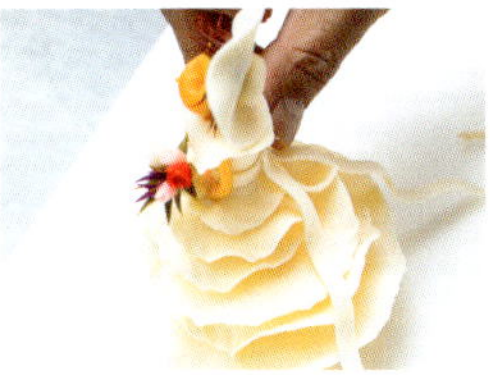

(68) (67)の2本のそれぞれ先端に接着用のパータ・グラッセをつけ、ドレスの背中のリボンの上につける。

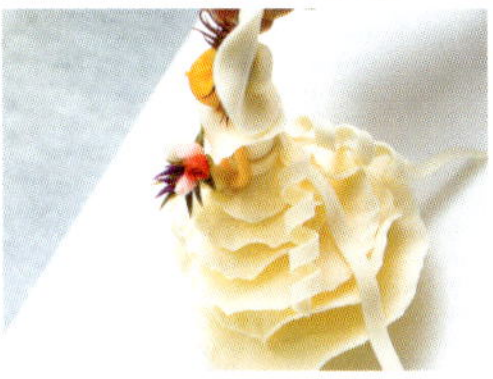

(69) (66)の2本のそれぞれ先端に接着用のパータ・グラッセをつけ、(68)の上につける。

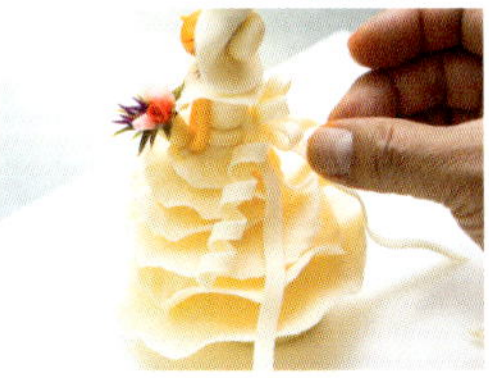

(70) 輪状にしたもの4個にも接着用のパータ・グラッセをつけ、リボンの結び目のようにつける。

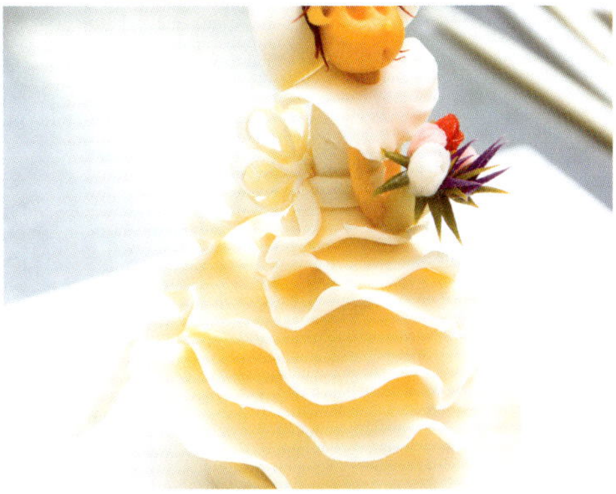

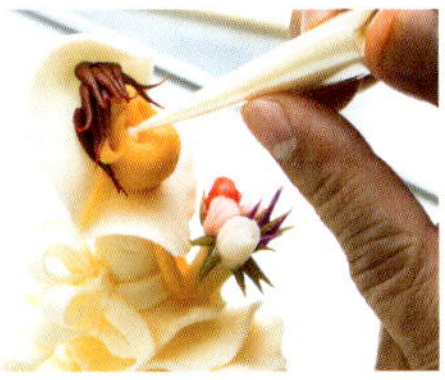

(71) 眼：バタークリームで白眼を絞り入れる。

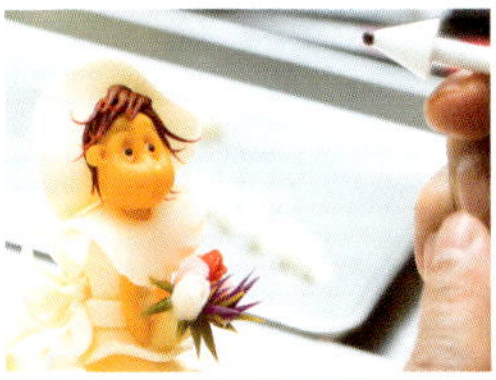

(72) すぐにパータ・グラッセで黒眼を入れる。

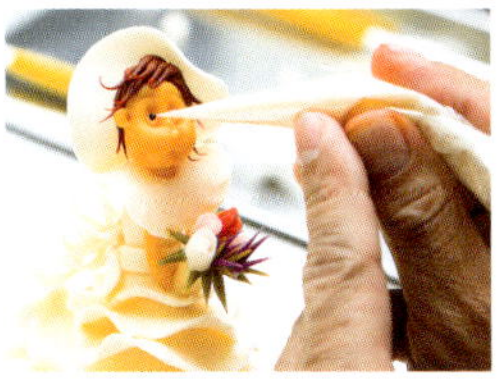

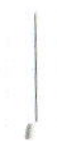

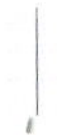

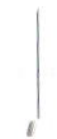

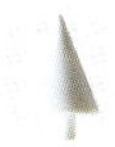

(73) すぐにバタークリームで光彩を絞る。

Emotional ─── 瞬時にファンタジーの世界に誘われる

エスコヤマの「夢先案内会社FANTASY DIRECTOR」の扉を開ければ、そこは大人が大人であることを忘れてしまう楽しい空間が待っている。壁際にずらりと並ぶ愛らしいマジパンたちに目はクギづけ。わずか体長10㎝弱のマジパンたちは人間が背を向ければ、もしかしたらその隙にこっそり動きだしているかもしれない…そう思わせるほどにエモーショナル。マジパン細工は動かないようにチョコレートの台座に貼りつけ、高さ7.5㎝のプラスチックケースで販売。

FANTASY DIRECTORで人気のインスタ用の撮影台。プロのカメラマンがチョイスしたおいしさ映えするライトの下で、スペシャルオーダーのハロウィンのデコレーションケーキをパチリ。チャーミングなマジパンの魔女は、ケーキを食べる人たちに、一体どんな魔法をかけるのだろうか。マジパン細工をデコレーションケーキに生かすためには、チョコレート細工やフレッシュフルーツなどとバランスをとりながら。つくるのに手間と時間はかかるが、同じものは世界にひとつとしてなく、価値はプライスレス。

パティシエ エス コヤマ

兵庫県三田市ゆりのき台5-32-1
tel.079-564-3192
http://www.es-koyama.com

製作アシスタント

岡田新平　福田莉那　安西大輔（以上エスコヤマ）

Special thanks

伊藤貴博（エスコヤマ）
＆ エスコヤマ ALL STAFF

The Emotional Art of Marzipan
エモーショナルなマジパン
ベーシックなテクニックと豊かな表情

初版印刷	2019年2月15日
初版発行	2019年3月1日

著者ⓒ	小山 進（こやま・すすむ）
発行者	丸山兼一
発行所	㈱柴田書店
	〒113-8477　東京都文京区湯島3-26-9 イヤサカビル
	営業部　　03-5816-8282（注文・問合せ）
	書籍編集部 03-5816-8260
	URL　http://www.shibatashoten.co.jp
印刷・製本	凸版印刷 株式会社

ISBN 978-4-388-06302-4

本書収録内容の無断転載・転写（コピー）・引用・データ配信などの行為は固く禁じます。
落丁、乱丁はお取替えいたします。

Printed in Japan
ⓒSusumu Koyama, 2019